Popular Baby Girl Names
In the United States

By: Jennifer Flexser

Popular Baby Girl Names in the United States

ISBN: 978-1-60332-052-2

Edited By: Brooke Winger

Copyright© 2008 Equity Press. No part of this publication may be reproduced, stored in a retrieval system, or transmitted in any form or by any means (electronic, mechanical, photocopying, recording or otherwise) without either the prior written permission of the publisher or a license permitting restricted copying in the United States or abroad.

The scanning, uploading and distribution of this book via the internet or via any other means without the permission of the publisher is illegal and punishable by law. Please purchase only authorized electronic editions, and do not participate in or encourage piracy of copyrighted materials.

Trademarks: All trademarks are the property of their respective owners. Equity Press is not associated with any product or vender mentioned in this book.

Printed in the United States of America

Table of Contents

Table of Contents _____ *3*

Top Ten Girl Names in the U.S. of the Last Century ___ *6*

   Top 10 Names From 1900 to 1909 _____ 7
   Top 10 Names in the 1910's _____ 12
   Top 10 Names in the 1920's _____ 17
   Top 10 Names in the 1930's _____ 22
   Top 10 Names of the 1940's _____ 27
   Top 10 Names of the 1950's _____ 32
   Top 10 Names of the 1960's _____ 37
   Top 10 Names of the 1970's _____ 42
   Top 10 Names of the 1980's _____ 47
   Top 10 Names of the 1990's _____ 52
   Top 10 Names in the 2000's _____ 57

Top 5 Names in the Last Decade (2006-1997): Divided by State _____ *61*

   Alaska _____ 62
   Alabama _____ 64
   Arkansas _____ 66
   Arizona _____ 68
   California _____ 70
   Colorado _____ 72
   Connecticut _____ 74
   District of Columbia _____ 76

Delaware	78
Florida	80
Georgia	82
Hawaii	84
Iowa	86
Idaho	88
Illinois	90
Indiana	92
Kansas	94
Kentucky	96
Louisiana	98
Massachusetts	100
Maryland	102
Maine	104
Michigan	106
Minnesota	108
Missouri	110
Mississippi	112
Montana	114
North Carolina	116
North Dakota	118
Nebraska	120
New Hampshire	122
New Jersey	124
New Mexico	126
Nevada	128

New York	130
Ohio	132
Oklahoma	134
Oregon	136
Pennsylvania	138
Rhode Island	140
South Carolina	142
South Dakota	144
Tennessee	146
Texas	148
Utah	150
Virginia	152
Vermont	154
Washington	156
Wisconsin	158
West Virginia	160
Wyoming	162

How Things Have Changed: The Top 1000 Names of 1900 & of 2000 — *164*

1900	165
2000	173
Index	181

Top Ten Girl Names in the U.S. of the Last Century

Top 10 Names From 1900 to 1909

1900	1901
Mary	Mary
Helen	Helen
Anna	Anna
Margaret	Margaret
Ruth	Ruth
Elizabeth	Elizabeth
Florence	Marie
Ethel	Florence
Marie	Ethel
Lillian	Lillian

1902	1903
Mary	Mary
Helen	Helen
Anna	Anna
Margaret	Margaret
Ruth	Ruth
Elizabeth	Elizabeth
Florence	Florence
Marie	Marie
Ethel	Ethel
Alice	Mildred

1904	1905
Mary	Mary
Helen	Helen
Anna	Margaret
Margaret	Anna
Ruth	Ruth
Elizabeth	Elizabeth
Marie	Dorothy
Florence	Mildred
Mildred	Marie
Dorothy	Alice

Popular Baby Girl Names

1906	1907
Mary	Mary
Helen	Helen
Margaret	Margaret
Anna	Anna
Ruth	Ruth
Dorothy	Dorothy
Elizabeth	Elizabeth
Alice	Mildred
Mildred	Alice
Florence	Marie

1908	1909
Mary	Mary
Helen	Helen
Margaret	Margaret
Ruth	Ruth
Anna	Dorothy
Dorothy	Anna
Elizabeth	Elizabeth
Mildred	Mildred
Alice	Marie
Marie	Alice

Top 10 Names in the 1910's

1910	1911
Mary	Mary
Helen	Helen
Margaret	Margaret
Dorothy	Dorothy
Ruth	Ruth
Anna	Anna
Elizabeth	Elizabeth
Mildred	Mildred
Marie	Marie
Alice	Frances

1912	1913
Mary	Mary
Helen	Helen
Dorothy	Dorothy
Margaret	Margaret
Ruth	Ruth
Mildred	Mildred
Anna	Anna
Elizabeth	Elizabeth
Frances	Frances
Marie	Marie

1914	1915
Mary	Mary
Helen	Helen
Dorothy	Dorothy
Margaret	Margaret
Ruth	Ruth
Anna	Mildred
Mildred	Anna
Elizabeth	Elizabeth
Frances	Frances
Marie	Evelyn

1916	1917
Mary	Mary
Helen	Helen
Dorothy	Dorothy
Margaret	Margaret
Ruth	Ruth
Mildred	Mildred
Anna	Anna
Elizabeth	Elizabeth
Frances	Frances
Virginia	Virginia

Popular Baby Girl Names

1918	1919
Mary	Mary
Helen	Helen
Dorothy	Dorothy
Margaret	Margaret
Ruth	Ruth
Mildred	Mildred
Virginia	Virginia
Frances	Elizabeth
Elizabeth	Frances
Anna	Anna

Top 10 Names in the 1920's

1920	1921
Mary	Mary
Dorothy	Dorothy
Helen	Helen
Margaret	Margaret
Ruth	Ruth
Mildred	Virginia
Virginia	Mildred
Elizabeth	Betty
Frances	Frances
Anna	Elizabeth

1922	1923
Mary	Mary
Dorothy	Dorothy
Helen	Helen
Margaret	Margaret
Ruth	Betty
Betty	Ruth
Virginia	Virginia
Mildred	Mildred
Elizabeth	Elizabeth
Frances	Frances

1924	1925
Mary	Mary
Dorothy	Dorothy
Helen	Betty
Betty	Helen
Margaret	Margaret
Ruth	Ruth
Virginia	Virginia
Mildred	Doris
Doris	Mildred
Frances	Elizabeth

Popular Baby Girl Names

1926	1927
Mary	Mary
Dorothy	Dorothy
Betty	Betty
Helen	Helen
Margaret	Margaret
Ruth	Ruth
Doris	Doris
Virginia	Virginia
Mildred	Shirley
Frances	Barbara

1928	1929
Mary	Mary
Betty	Betty
Dorothy	Dorothy
Helen	Helen
Margaret	Margaret
Ruth	Doris
Doris	Barbara
Barbara	Ruth
Virginia	Shirley
Shirley	Patricia

Top 10 Names in the 1930's

1930	1931
Mary	Mary
Betty	Betty
Dorothy	Dorothy
Helen	Barbara
Margaret	Joan
Barbara	Helen
Patricia	Margaret
Joan	Patricia
Doris	Shirley
Ruth	Doris

1932	1933
Mary	Mary
Betty	Betty
Barbara	Barbara
Dorothy	Dorothy
Joan	Joan
Patricia	Patricia
Margaret	Margaret
Helen	Helen
Shirley	Shirley
Doris	Doris

Popular Baby Girl Names

1934	1935
Mary	Mary
Betty	Shirley
Barbara	Barbara
Shirley	Betty
Dorothy	Patricia
Patricia	Dorothy
Joan	Joan
Margaret	Margaret
Helen	Nancy
Nancy	Helen

1936	**1937**
Mary	Mary
Shirley	Barbara
Barbara	Patricia
Betty	Shirley
Patricia	Betty
Dorothy	Carol
Joan	Nancy
Nancy	Dorothy
Margaret	Joan
Carol	Margaret

1938	**1939**
Mary	Mary
Barbara	Barbara
Patricia	Patricia
Betty	Betty
Shirley	Shirley
Carol	Carol
Nancy	Nancy
Dorothy	Judith
Margaret	Dorothy
Joan	Margaret

Top 10 Names of the 1940's

1940	1941
Mary	Mary
Barbara	Barbara
Patricia	Patricia
Judith	Carol
Betty	Linda
Carol	Judith
Nancy	Betty
Linda	Nancy
Shirley	Sandra
Sandra	Shirley

1942	1943
Mary	Mary
Barbara	Barbara
Patricia	Patricia
Linda	Linda
Carol	Carol
Sandra	Sandra
Judith	Judith
Nancy	Sharon
Betty	Nancy
Carolyn	Betty

1944	1945
Mary	Mary
Barbara	Linda
Linda	Barbara
Patricia	Patricia
Carol	Carol
Sandra	Sandra
Nancy	Nancy
Sharon	Sharon
Judith	Judith
Betty	Susan

1946	1947
Mary	Linda
Linda	Mary
Patricia	Patricia
Barbara	Barbara
Carol	Sandra
Sandra	Carol
Nancy	Nancy
Susan	Susan
Sharon	Sharon
Judith	Donna

1948	1949
Linda	Linda
Mary	Mary
Barbara	Patricia
Patricia	Barbara
Susan	Susan
Sandra	Sandra
Nancy	Nancy
Carol	Carol

| Sharon | Kathleen |
| Kathleen | Sharon |

Top 10 Names of the 1950's

1950	1951
Linda	Linda
Mary	Mary
Patricia	Patricia
Barbara	Deborah
Susan	Barbara
Nancy	Susan
Deborah	Nancy
Sandra	Karen
Carol	Sandra
Kathleen	Kathleen

1952	1953
Linda	Mary
Mary	Linda
Patricia	Deborah
Deborah	Patricia
Susan	Susan
Barbara	Barbara
Nancy	Debra
Karen	Nancy
Debra	Karen
Sandra	Pamela

1954	1955
Mary	Mary
Linda	Deborah
Deborah	Linda
Patricia	Debra
Susan	Susan
Debra	Patricia
Barbara	Barbara
Karen	Karen
Nancy	Nancy
Cynthia	Donna

1956	1957
Mary	Mary
Debra	Susan
Linda	Linda
Deborah	Debra
Susan	Karen
Patricia	Deborah
Karen	Cynthia
Cynthia	Patricia
Barbara	Barbara
Donna	Donna

1958	1959
Mary	Mary
Susan	Susan
Linda	Linda
Karen	Karen
Patricia	Donna
Debra	Patricia
Deborah	Debra
Cynthia	Cynthia
Barbara	Deborah
Donna	Lisa

Top 10 Names of the 1960's

1960	1961
Mary	Mary
Susan	Lisa
Linda	Susan
Karen	Linda
Donna	Karen
Lisa	Patricia
Patricia	Donna
Debra	Cynthia
Cynthia	Sandra
Deborah	Deborah

1962	1963
Lisa	Lisa
Mary	Mary
Susan	Susan
Karen	Karen
Linda	Linda
Patricia	Donna
Donna	Patricia
Cynthia	Lori
Deborah	Sandra
Sandra	Cynthia

1964	1965
Lisa	Lisa
Mary	Mary
Susan	Karen
Karen	Kimberly
Patricia	Susan
Kimberly	Patricia
Donna	Donna
Linda	Linda
Cynthia	Cynthia
Tammy	Angela

Popular Baby Girl Names

1966	1967
Lisa	Lisa
Kimberly	Kimberly
Mary	Michelle
Michelle	Mary
Karen	Susan
Susan	Karen
Patricia	Angela
Tammy	Tammy
Angela	Melissa
Jennifer	Jennifer

1968	1969
Lisa	Lisa
Michelle	Michelle
Kimberly	Jennifer
Jennifer	Kimberly
Mary	Melissa
Melissa	Amy
Angela	Angela
Tammy	Mary
Karen	Tammy
Susan	Laura

Top 10 Names of the 1970's

1970	1971
Jennifer	Jennifer
Lisa	Michelle
Kimberly	Lisa
Michelle	Kimberly
Amy	Amy
Angela	Angela
Melissa	Melissa
Tammy	Tammy
Mary	Mary
Tracy	Julie

1972	1973
Jennifer	Jennifer
Michelle	Amy
Lisa	Michelle
Kimberly	Kimberly
Amy	Lisa
Angela	Melissa
Melissa	Angela
Stephanie	Heather
Heather	Stephanie
Nicole	Rebecca

Popular Baby Girl Names

1974	1975
Jennifer	Jennifer
Amy	Amy
Michelle	Heather
Heather	Melissa
Angela	Angela
Kimberly	Michelle
Melissa	Kimberly
Lisa	Lisa
Stephanie	Stephanie
Rebecca	Nicole

1976	1977
Jennifer	Jennifer
Amy	Melissa
Melissa	Amy
Heather	Jessica
Angela	Heather
Michelle	Angela
Kimberly	Michelle
Jessica	Kimberly
Lisa	Amanda
Amanda	Kelly

Popular Baby Girl Names

1978	1979
Jennifer	Jennifer
Melissa	Melissa
Jessica	Amanda
Amy	Jessica
Heather	Amy
Amanda	Sarah
Angela	Heather
Sarah	Angela
Michelle	Nicole
Nicole	Michelle

Top 10 Names of the 1980's

1980	1981
Jennifer	Jennifer
Amanda	Jessica
Jessica	Amanda
Melissa	Sarah
Sarah	Melissa
Heather	Amy
Nicole	Nicole
Amy	Stephanie
Elizabeth	Elizabeth
Michelle	Heather

1982	1983
Jennifer	Jennifer
Jessica	Jessica
Amanda	Amanda
Sarah	Ashley
Melissa	Sarah
Nicole	Melissa
Stephanie	Nicole
Elizabeth	Stephanie
Crystal	Heather
Amy	Elizabeth

1984	1985
Jennifer	Jessica
Jessica	Ashley
Ashley	Jennifer
Amanda	Amanda
Sarah	Sarah
Stephanie	Stephanie
Nicole	Nicole
Melissa	Heather
Heather	Elizabeth
Elizabeth	Megan

1986	1987
Jessica	Jessica
Ashley	Ashley
Amanda	Amanda
Jennifer	Jennifer
Sarah	Sarah
Stephanie	Stephanie
Nicole	Brittany
Brittany	Nicole
Heather	Heather
Elizabeth	Elizabeth

1988	1989
Jessica	Jessica
Ashley	Ashley
Amanda	Brittany
Sarah	Amanda
Jennifer	Sarah
Brittany	Samantha
Stephanie	Jennifer
Samantha	Stephanie
Nicole	Lauren
Elizabeth	Elizabeth

Top 10 Names of the 1990's

1990	1991
Jessica	Ashley
Ashley	Jessica
Brittany	Brittany
Amanda	Amanda
Samantha	Samantha
Sarah	Sarah
Stephanie	Stephanie
Jennifer	Jennifer
Elizabeth	Elizabeth
Lauren	Emily

1992	1993
Ashley	Jessica
Jessica	Ashley
Amanda	Sarah
Brittany	Samantha
Sarah	Emily
Samantha	Brittany
Emily	Taylor
Stephanie	Amanda
Elizabeth	Elizabeth
Megan	Stephanie

Popular Baby Girl Names

1994	1995
Jessica	Jessica
Ashley	Ashley
Emily	Emily
Samantha	Samantha
Sarah	Sarah
Taylor	Taylor
Brittany	Hannah
Amanda	Brittany
Elizabeth	Amanda
Megan	Elizabeth

1996	1997
Emily	Emily
Jessica	Jessica
Ashley	Ashley
Sarah	Sarah
Samantha	Hannah
Taylor	Samantha
Hannah	Taylor
Alexis	Alexis
Rachel	Elizabeth
Elizabeth	Madison

1998	1999
Emily	Emily
Hannah	Hannah
Samantha	Alexis
Ashley	Sarah
Sarah	Samantha
Alexis	Ashley
Taylor	Madison
Jessica	Taylor
Madison	Jessica
Elizabeth	Elizabeth

Top 10 Names in the 2000's

2000	2001
Emily	Emily
Hannah	Madison
Madison	Hannah
Ashley	Ashley
Sarah	Alexis
Alexis	Sarah
Samantha	Samantha
Jessica	Abigail
Taylor	Elizabeth
Elizabeth	Olivia

2002	2003
Emily	Emily
Madison	Emma
Hannah	Madison
Emma	Hannah
Alexis	Olivia
Ashley	Abigail
Abigail	Alexis
Sarah	Ashley
Samantha	Elizabeth
Olivia	Samantha

2004	2005
Emily	Emily
Emma	Emma
Madison	Madison
Olivia	Abigail
Hannah	Olivia
Abigail	Isabella
Isabella	Hannah
Ashley	Samantha
Samantha	Ava
Elizabeth	Ashley

2006	
Emily	
Emma	
Madison	
Isabella	
Ava	
Abigail	
Olivia	
Hannah	
Sophia	
Samantha	

Top 5 Names in the Last Decade (2006-1997): Divided by State

Alaska

2006	1. Emma (48) 2. Madison (41) 3. Emily (40) 4. Isabella (37) 5. Ava (34)
2005	1. Madison (53) 2. Emma (49) 3. Emily (47) 4. Isabella (35) 5. Samantha (35)
2004	1. Emma (62) 2. Madison (48) 3. Hannah (46) 4. Grace (43) 5. Emily (41)
2003	1. Hannah (56) 2. Emma (49) 3. Emily (44) 4. Madison (43) 5. Alexis (31)
2002	1. Madison (57) 2. Elizabeth (40) 3. Emily (40) 4. Emma (36) 5. Hannah (35)
2001	1. Madison (54) 2. Emily (47) 3. Hannah (46) 4. Abigail (39) 5. Ashley (39)
2000	1. Hannah (58) 2. Madison (50) 3. Emily (48)

	4. Sarah (38) 5. Ashley (36)
1999	1. Emily (62) 2. Hannah (49) 3. Ashley (40) 4. Sarah (39) 5. Elizabeth (33)
1998	1. Emily (60) 2. Sarah (59) 3. Hannah (57) 4. Megan (50) 5. Alyssa (46)
1997	1. Hannah (67) 2. Emily (64) 3. Sarah (59) 4. Megan (47) 5. Jessica (46)

Alabama

2006	1. Madison (383) 2. Emma (365) 3. Anna (306) 4. Emily (289) 5. Hannah (255)
2005	1. Madison (402) 2. Emma (397) 3. Emily (334) 4. Anna (305) 5. Hannah (253)
2004	1. Emma (387) 2. Madison (382) 3. Emily (334) 4. Hannah (319) 5. Anna (305)
2003	1. Madison (407) 2. Emma (406) 3. Emily (352) 4. Hannah (334) 5. Anna (308)
2002	1. Madison (439) 2. Hannah (404) 3. Anna (399) 4. Emily (307) 5. Alexis (274)
2001	1. Madison (418) 2. Hannah (412) 3. Anna (378) 4. Emily (370) 5. Sarah (299)
2000	1. Hannah (443) 2. Anna (384) 3. Madison (382) 4. Emily (370)

	5. Sarah (304)
1999	1. Hannah (474) 2. Emily (382) 3. Madison (367) 4. Alexis (358) 5. Anna (313)
1998	1. Hannah (457) 2. Alexis (389) 3. Emily (378) 4. Madison (343) 5. Taylor (340)
1997	1. Hannah (426) 2. Emily (383) 3. Ashley (353) 4. Sarah (347) 5. Taylor (330)

Arkansas

2006	1. Madison (268) 2. Emily (211) 3. Emma (201) 4. Abigail (167) 5. Hannah (167)
2005	1. Emily (263) 2. Madison (260) 3. Emma (217) 4. Hannah (178) 5. Alexis (159)
2004	1. Madison (280) 2. Emily (264) 3. Emma (200) 4. Hannah (189) 5. Olivia (152)
2003	1. Madison (272) 2. Emily (255) 3. Hannah (224) 4. Emma (195) 5. Alexis (181)
2002	1. Madison (283) 2. Hannah (230) 3. Emily (223) 4. Abigail (142) 5. Alexis (141)
2001	1. Hannah (292) 2. Madison (288) 3. Emily (238) 4. Alexis (199) 5. Sarah (148)
2000	1. Hannah (287) 2. Madison (271) 3. Emily (240)

	4. Alexis (177) 5. Sarah (169)
1999	1. Hannah (298) 2. Madison (246) 3. Emily (244) 4. Sarah (194) 5. Taylor (176)
1998	1. Hannah (266) 2. Madison (249) 3. Emily (230) 4. Taylor (195) 5. Sarah (193)
1997	1. Hannah (270) 2. Emily (238) 3. Madison (215) 4. Ashley (211) 5. Sarah (204)

Arizona

2006	1. Mia (498) 2. Emily (482) 3. Isabella (427) 4. Ashley (393) 5. Emma (382)
2005	1. Emily (502) 2. Mia (425) 3. Ashley (406) 4. Isabella (368) 5. Emma (350)
2004	1. Emily (443) 2. Isabella (383) 3. Emma (357) 4. Madison (357) 5. Ashley (356)
2003	1. Emily (431) 2. Emma (389) 3. Ashley (370) 4. Alyssa (337) 5. Alexis (335)
2002	1. Emily (401) 2. Ashley (359) 3. Alexis (352) 4. Samantha (344) 5. Madison (328)
2001	1. Ashley (375) 2. Emily (374) 3. Alexis (367) 4. Madison (350) 5. Samantha (339)
2000	1. Emily (407) 2. Ashley (398) 3. Samantha (397)

	4. Alexis (378) 5. Jessica (363)
1999	1. Samantha (416) 2. Alexis (406) 3. Emily (400) 4. Ashley (378) 5. Alyssa (340)
1998	1. Alexis (406) 2. Samantha (389) 3. Jessica (381) 4. Emily (364) 5. Ashley (358)
1997	1. Jessica (387) 2. Alexis (374) 3. Ashley (350) 4. Samantha (347) 5. Emily (340)

California

2006	1. Emily (3,051) 2. Isabella (2,758) 3. Ashley (2,575) 4. Mia (2,409) 5. Samantha (2,322)
2005	1. Emily (3,267) 2. Ashley (2,764) 3. Samantha (2,490) 4. Isabella (2,336) 5. Mia (2,174)
2004	1. Emily (3,400) 2. Ashley (2,915) 3. Samantha (2,471) 4. Isabella (2,437) 5. Natalie (1,942)
2003	1. Emily (3,407) 2. Ashley (2,720) 3. Samantha (2,568) 4. Isabella (2,185) 5. Alyssa (1,921)
2002	1. Emily (3,015) 2. Ashley (2,675) 3. Samantha (2,535) 4. Jessica (1,994) 5. Jennifer (1,982)
2001	1. Emily (2,921) 2. Ashley (2,712) 3. Samantha (2,432) 4. Jessica (2,239) 5. Alyssa (2,053)
2000	1. Emily (2,958) 2. Ashley (2,831) 3. Samantha (2,577)

	4. Jessica (2,479) 5. Jennifer (2,262)
1999	1. Emily (2,825) 2. Samantha (2,781) 3. Jennifer (2,673) 4. Ashley (2,606) 5. Jessica (2,508)
1998	1. Jessica (2,841) 2. Ashley (2,714) 3. Samantha (2,668) 4. Emily (2,666) 5. Jennifer (2,559)
1997	1. Jessica (3,212) 2. Jennifer (2,811) 3. Ashley (2,632) 4. Emily (2,538) 5. Samantha (2,497)

Colorado

2006	1. Isabella (313) 2. Emily (298) 3. Emma (292) 4. Hannah (266) 5. Abigail (256)
2005	1. Emma (303) 2. Emily (301) 3. Madison (273) 4. Abigail (272) 5. Isabella (271)
2004	1. Emma (336) 2. Emily (313) 3. Isabella (291) 4. Madison (289) 5. Abigail (254)
2003	1. Emily (377) 2. Emma (356) 3. Madison (296) 4. Hannah (289) 5. Ashley (272)
2002	1. Madison (364) 2. Emily (347) 3. Emma (287) 4. Ashley (280) 5. Isabella (277)
2001	1. Emily (364) 2. Hannah (325) 3. Madison (322) 4. Ashley (295) 5. Taylor (249)
2000	1. Emily (364) 2. Hannah (322) 3. Madison (321)

	4. Ashley (285) 5. Emma (269)
1999	1. Hannah (342) 2. Emily (326) 3. Madison (302) 4. Sarah (287) 5. Jessica (282)
1998	1. Emily (371) 2. Samantha (330) 3. Hannah (312) 4. Jessica (308) 5. Madison (290)
1997	1. Hannah (366) 2. Emily (317) 3. Jessica (310) 4. Sarah (305) 5. Madison (297)

Connecticut

2006	1. Isabella (271) 2. Emily (262) 3. Ava (250) 4. Olivia (237) 5. Emma (215)
2005	1. Olivia (267) 2. Emily (259) 3. Ava (237) 4. Emma (220) 5. Isabella (217)
2004	1. Emily (309) 2. Olivia (302) 3. Emma (279) 4. Isabella (237) 5. Samantha (222)
2003	1. Emma (334) 2. Emily (296) 3. Olivia (277) 4. Madison (226) 5. Julia (212)
2002	1. Emily (307) 2. Olivia (257) 3. Emma (243) 4. Samantha (230) 5. Julia (229)
2001	1. Emily (326) 2. Julia (273) 3. Olivia (249) 4. Hannah (237) 5. Sarah (232)
2000	1. Emily (335) 2. Sarah (257) 3. Samantha (254)

	4. Olivia (252) 5. Hannah (240)
1999	1. Emily (400) 2. Sarah (295) 3. Samantha (287) 4. Julia (224) 5. Emma (223)
1998	1. Emily (346) 2. Sarah (324) 3. Samantha (267) 4. Ashley (234) 5. Julia (221)
1997	1. Emily (373) 2. Sarah (318) 3. Samantha (300) 4. Ashley (241) 5. Taylor (233)

District of Columbia

2006	1. Katherine (51) 2. Elizabeth (48) 3. Ashley (45) 4. Ava (37) 5. Sophia (37)
2005	1. Sophia (51) 2. Olivia (44) 3. Elizabeth (43) 4. Kayla (43) 5. Katherine (42)
2004	1. Sophia (53) 2. Katherine (48) 3. Kayla (48) 4. Elizabeth (42) 5. Emma (42)
2003	1. Katherine (51) 2. Kayla (51) 3. Emily (50) 4. Elizabeth (45) 5. Sophia (45)
2002	1. Kayla (52) 2. Taylor (48) 3. Sarah (47) 4. Elizabeth (46) 5. Olivia (45)
2001	1. Emily (57) 2. Emma (53) 3. Kayla (52) 4. Katherine (51) 5. Taylor (51)
2000	1. Kayla (74) 2. Katherine (56) 3. Elizabeth (50)

	4. Destiny (49) 5. Jordan (45)
1999	1. Kayla (85) 2. Jasmine (53) 3. Taylor (53) 4. Destiny (49) 5. Sarah (48)
1998	1. Alexis (65) 2. Jasmine (62) 3. Taylor (56) 4. Kayla (54) 5. Jessica (51)
1997	1. Jasmine (71) 2. Alexis (64) 3. Kayla (62) 4. Sarah (59) 5. Katherine (51)

Delaware

2006	1. Madison (72) 2. Emily (66) 3. Ava (64) 4. Emma (53) 5. Olivia (48)
2005	1. Madison (68) 2. Emily (63) 3. Sarah (59) 4. Emma (56) 5. Abigail (50)
2004	1. Madison (68) 2. Olivia (68) 3. Emily (65) 4. Alexis (53) 5. Elizabeth (52)
2003	1. Emily (87) 2. Madison (71) 3. Emma (65) 4. Hannah (65) 5. Abigail (63)
2002	1. Emily (70) 2. Madison (64) 3. Hannah (57) 4. Olivia (55) 5. Sarah (53)
2001	1. Madison (89) 2. Emily (65) 3. Alexis (64) 4. Hannah (63) 5. Abigail (60)
2000	1. Emily (79) 2. Sarah (75) 3. Kayla (65)

	4. Madison (64) 5. Alexis (61)
1999	1. Emily (78) 2. Alexis (76) 3. Sarah (75) 4. Madison (69) 5. Taylor (61)
1998	1. Emily (92) 2. Taylor (86) 3. Madison (69) 4. Samantha (66) 5. Sarah (66)
1997	1. Emily (86) 2. Sarah (85) 3. Taylor (85) 4. Alexis (70) 5. Jessica (60)

Florida

2006	1. Isabella (1,575) 2. Emily (1,234) 3. Madison (1,004) 4. Sophia (893) 5. Emma (883)
2005	1. Emily (1,295) 2. Isabella (1,276) 3. Madison (1,095) 4. Emma (883) 5. Sophia (831)
2004	1. Emily (1,363) 2. Isabella (1,204) 3. Madison (1,061) 4. Emma (919) 5. Ashley (785)
2003	1. Emily (1,299) 2. Isabella (1,104) 3. Madison (980) 4. Emma (857) 5. Hannah (830)
2002	1. Emily (1,168) 2. Madison (995) 3. Ashley (906) 4. Isabella (895) 5. Hannah (893)
2001	1. Emily (1,222) 2. Madison (1,053) 3. Ashley (933) 4. Hannah (895) 5. Samantha (840)
2000	1. Emily (1,205) 2. Ashley (1,020) 3. Hannah (1,015)

	4. Samantha (954) 5. Sarah (919)
1999	1. Emily (1,263) 2. Ashley (1,104) 3. Samantha (997) 4. Sarah (948) 5. Alexis (946)
1998	1. Emily (1,184) 2. Ashley (1,166) 3. Alexis (979) 4. Samantha (976) 5. Jessica (941)
1997	1. Ashley (1,310) 2. Jessica (1,071) 3. Emily (1,066) 4. Samantha (1,047) 5. Taylor (993)

Georgia

2006	1. Madison (741) 2. Emily (667) 3. Emma (636) 4. Hannah (515) 5. Ava (488)
2005	1. Emily (848) 2. Madison (756) 3. Emma (608) 4. Hannah (524) 5. Abigail (505)
2004	1. Emily (788) 2. Madison (755) 3. Emma (667) 4. Hannah (532) 5. Sarah (513)
2003	1. Emily (750) 2. Madison (739) 3. Emma (679) 4. Hannah (630) 5. Sarah (522)
2002	1. Madison (772) 2. Emily (760) 3. Hannah (655) 4. Alexis (541) 5. Sarah (535)
2001	1. Madison (817) 2. Emily (742) 3. Hannah (703) 4. Sarah (604) 5. Taylor (554)
2000	1. Hannah (796) 2. Madison (784) 3. Emily (707)

	4. Sarah (624) 5. Taylor (595)
1999	1. Emily (742) 2. Hannah (731) 3. Taylor (690) 4. Madison (669) 5. Alexis (654)
1998	1. Hannah (808) 2. Emily (717) 3. Taylor (715) 4. Madison (694) 5. Alexis (681)
1997	1. Hannah (762) 2. Emily (733) 3. Taylor (730) 4. Sarah (644) 5. Ashley (638)

Hawaii

2006	1. Isabella (56) 2. Emma (49) 3. Madison (49) 4. Hailey (47) 5. Ava (45)
2005	1. Emma (53) 2. Mia (48) 3. Madison (46) 4. Kayla (43) 5. Taylor (43)
2004	1. Emma (60) 2. Isabella (54) 3. Emily (53) 4. Kayla (52) 5. Chole (45)
2003	1. Emma (59) 2. Alyssa (53) 3. Kayla (51) 4. Taylor (50) 5. Mia (49)
2002	1. Kayla (74) 2. Taylor (57) 3. Emma (49) 4. Madison (49) 5. Jasmine (48)
2001	1. Taylor (65) 2. Kayla (64) 3. Madison (47) 4. Alyssa (46) 5. Sarah (45)
2000	1. Kayla (63) 2. Taylor (63) 3. Alyssa (61)

	4. Ashley (58) 5. Kiana (52)
1999	1. Taylor (75) 2. Kayla (67) 3. Jasmine (56) 4. Ashley (52) 5. Alyssa (50)
1998	1. Taylor (77) 2. Kayla (65) 3. Ashley (64) 4. Jessica (62) 5. Alyssa (57)
1997	1. Taylor (89) 2. Kayla (73) 3. Jessica (61) 4. Rachel (57) 5. Alyssa (54)

Iowa

2006	1. Emma (310) 2. Ava (260) 3. Olivia (223) 4. Madison (214) 5. Hannah (194)
2005	1. Emma (315) 2. Olivia (219) 3. Madison (217) 4. Emily (206) 5. Ava (188)
2004	1. Emma (355) 2. Madison (250) 3. Grace (218) 4. Olivia (205) 5. Abigail (201)
2003	1. Emma (381) 2. Emily (239) 3. Madison (237) 4. Olivia (234) 5. Grace (223)
2002	1. Emma (318) 2. Madison (291) 3. Emily (247) 4. Hannah (233) 5. Abigail (215)
2001	1. Madison (329) 2. Hannah (308) 3. Emma (267) 4. Emily (254) 5. Alexis (230)
2000	1. Madison (296) 2. Emily (292) 3. Hannah (292)

	4. Emma (274) 5. Alexis (244)
1999	1. Emily (329) 2. Madison (309) 3. Hannah (258) 4. Alexis (251) 5. Taylor (216)
1998	1. Emily (318) 2. Hannah (310) 3. Taylor (263) 4. Madison (260) 5. Alexis (256)
1997	1. Emily (298) 2. Taylor (284) 3. Hannah (279) 4. Madison (271) 5. Megan (216)

Idaho

2006	1. Emma (148) 2. Olivia (105) 3. Abigail (102) 4. Hannah (85) 5. Madison (85)
2005	1. Emma (130) 2. Madison (104) 3. Emily (102) 4. Hailey (89) 5. Abigail (88)
2004	1. Emma (140) 2. Emily (117) 3. Alexis (113) 4. Abigail (103) 5. Hannah (96)
2003	1. Emma (148) 2. Hannah (134) 3. Emily (124) 4. Madison (123) 5. Abigail (91)
2002	1. Madison (130) 2. Emily (121) 3. Emma (118) 4. Hannah (96) 5. Abigail (93)
2001	1. Madison (143) 2. Emily (122) 3. Ashley (103) 4. Emma (101) 5. Hannah (101)
2000	1. Hannah (132) 2. Emily (122) 3. Madison (119)

	4. Ashley (84) 5. Hailey (83)
1999	1. Emily (122) 2. Hannah (111) 3. Madison (110) 4. Megan (97) 5. Taylor (92)
1998	1. Madison (131) 2. Emily (128) 3. Hannah (128) 4. Samantha (120) 5. Ashley (99)
1997	1. Emily (131) 2. Madison (124) 3. Hannah (104) 4. Jessica (101) 5. Ashley (95)

Illinois

2006	1. Emily (886) 2. Isabella (775) 3. Emma (772) 4. Olivia (757) 5. Ava (693)
2005	1. Emily (996) 2. Emma (808) 3. Olivia (773) 4. Isabella (705) 5. Abigail (695)
2004	1. Emily (1,083) 2. Emma (856) 3. Olivia (776) 4. Abigail (738) 5. Madison (711)
2003	1. Emily (1,098) 2. Emma (1,018) 3. Olivia (801) 4. Abigail (763) 5. Grace (746)
2002	1. Emily (1,081) 2. Emma (824) 3. Olivia (769) 4. Madison (757) 5. Grace (753)
2001	1. Emily (1,170) 2. Hannah (856) 3. Jessica (786) 4. Grace (758) 5. Samantha (754)
2000	1. Emily (1,172) 2. Hannah (1,002) 3. Jessica (844)

	4. Alexis (843) 5. Samantha (799)
1999	1. Emily (1,198) 2. Hannah (928) 3. Jessica (886) 4. Samantha (881) 5. Alexis (867)
1998	1. Emily (1,178) 2. Samantha (1,013) 3. Jessica (967) 4. Alexis (927) 5. Ashley (852)
1997	1. Emily (1,181) 2. Jessica (1,104) 3. Samantha (986) 4. Hannah (913) 5. Sarah (879)

Indiana

2006	1. Emma (566) 2. Ava (467) 3. Olivia (458) 4. Madison (457) 5. Emily (445)
2005	1. Emma (574) 2. Madison (548) 3. Emily (547) 4. Olivia (460) 5. Abigail (459)
2004	1. Emma (671) 2. Madison (565) 3. Abigail (493) 4. Olivia (489) 5. Emily (486)
2003	1. Emma (667) 2. Madison (596) 3. Emily (578) 4. Hannah (502) 5. Olivia (456)
2002	1. Madison (640) 2. Emily (556) 3. Emma (516) 4. Hannah (514) 5. Abigail (489)
2001	1. Madison (639) 2. Hannah (626) 3. Emily (557) 4. Alexis (483) 5. Abigail (479)
2000	1. Hannah (632) 2. Madison (628) 3. Emily (607)

	4. Alexis (498) 5. Abigail (421)
1999	1. Hannah (704) 2. Emily (640) 3. Alexis (634) 4. Madison (567) 5. Taylor (540)
1998	1. Emily (672) 2. Hannah (640) 3. Alexis (578) 4.Taylor (565) 5. Madison (517)
1997	1. Emily (681) 2. Hannah (638) 3. Taylor (586) 4. Madison (483) 5. Samantha (463)

Kansas

2006	1. Emma (232) 2. Emily (213) 3. Abigail (199) 4. Madison (194) 5. Ava (188)
2005	1. Emma (266) 2. Emily (211) 3. Olivia (193) 4. Abigail (186) 5. Madison (185)
2004	1. Emma (262) 2. Emily (219) 3. Madison (219) 4. Abigail (197) 5. Grace (182)
2003	1. Emma (280) 2. Madison (233) 3. Emily (221) 4. Hannah (200) 5. Abigail (192)
2002	1. Emily (243) 2. Madison (221) 3. Emma (213) 4. Abigail (209) 5. Hannah (208)
2001	1. Madison (258) 2. Emily (246) 3. Hannah (237) 4. Emma (190) 5. Alexis (188)
2000	1. Madison (277) 2. Hannah (257) 3. Emily (238)

	4. Taylor (181) 5. Alexis (172)
1999	1. Madison (252) 2. Emily (237) 3. Hannah (231) 4. Taylor (219) 5. Alexis (186)
1998	1. Madison (281) 2. Emily (267) 3. Hannah (259) 4. Taylor (221) 5. Alexis (192)
1997	1. Emily (255) 2. Madison (251) 3. Hannah (249) 4. Taylor (246) 5. Ashley (186)

Kentucky

2006	1. Madison (410) 2. Emma (345) 3. Emily (342) 4. Hannah (326) 5. Abigail (287)
2005	1. Madison (447) 2. Emily (431) 3. Emma (382) 4. Hannah (333) 5. Abigail (314)
2004	1. Madison (380) 2. Emily (355) 3. Hannah (311) 4. Emma (284) 5. Abigail (234)
2003	1. Emily (471) 2. Madison (448) 3. Hannah (443) 4. Emma (384) 5. Abigail (307)
2002	1. Madison (550) 2. Hannah (452) 3. Emily (423) 4. Alexis (324) 5. Abigail (270)
2001	1. Madison (516) 2. Hannah (507) 3. Emily (425) 4. Taylor (291) 5. Alexis (279)
2000	1. Hannah (561) 2. Madison (464) 3. Emily (420)

	4. Sarah (325) 5. Alexis (318)
1999	1. Hannah (509) 2. Emily (428) 3. Madison (408) 4. Sarah (364) 5. Haley (329)
1998	1. Hannah (513) 2. Emily (448) 3. Madison (397) 4. Sarah (393) 5. Taylor (321)
1997	1. Hannah (502) 2. Emily (393) 3. Taylor (366) 4. Sarah (347) 5. Ashley (344)

Louisiana

2006	1. Madison (385) 2. Emma (297) 3. Ava (290) 4. Emily (248) 5. Hannah (212)
2005	1. Madison (413) 2. Emma (334) 3. Emily (293) 4. Hannah (236) 5. Olivia (210)
2004	1. Madison (430) 2. Emma (362) 3. Emily (331) 4. Hannah (256) 5. Alexis (226)
2003	1. Madison (453) 2. Emily (353) 3. Emma (328) 4. Hannah (295) 5. Alexis (285)
2002	1. Madison (519) 2. Emily (334) 3. Hannah (319) 4. Alexis (303) 5. Taylor (231)
2001	1. Madison (482) 2. Hannah (355) 3. Emily (314) 4. Alexis (306) 5. Taylor (276)
2000	1. Madison (465) 2. Hannah (391) 3. Alexis (381)

	4. Emily (373) 5. Taylor (339)
1999	1. Alexis (406) 2. Hannah (405) 3. Madison (390) 4. Emily (358) 5. Taylor (339)
1998	1. Alexis (438) 2. Taylor (406) 3. Hannah (374) 4. Madison (371) 5. Emily (365)
1997	1. Alexis (481) 2. Taylor (418) 3. Emily (398) 4. Hannah (366) 5. Sarah (345)

Massachusetts

2006	1. Ava (555) 2. Isabella (492) 3. Emma (448) 4. Sophia (433) 5. Olivia (427)
2005	1. Emma (529) 2. Emily (503) 3. Ava (473) 4. Olivia (461) 5. Sophia (443)
2004	1. Emily (578) 2. Emma (554) 3. Olivia (545) 4. Isabella (433) 5. Abigail (431)
2003	1. Emily (654) 2. Emma (653) 3. Olivia (546) 4. Abigail (466) 5. Isabella (406)
2002	1. Emily (677) 2. Olivia (594) 3. Emma (520) 4. Sarah (481) 5. Abigail (456)
2001	1. Emily (707) 2. Olivia (574) 3. Hannah (514) 4. Julia (503) 5. Sarah (503)
2000	1. Emily (753) 2. Hannah (547) 3. Olivia (531)

	4. Sarah (509) 5. Julia (504)
1999	1. Emily (746) 2. Sarah (564) 3. Olivia (533) 4. Samantha (524) 5. Julia (517)
1998	1. Emily (802) 2. Samantha (627) 3. Sarah (609) 4. Hannah (520) 5. Julia (490)
1997	1. Emily (767) 2. Samantha (682) 3. Sarah (639) 4. Jessica (513) 5. Hannah (497)

Maryland

2006	1. Madison (374) 2. Emily (305) 3. Abigail (291) 4. Emma (283) 5. Ava (268)
2005	1. Emily (399) 2. Madison (363) 3. Emma (307) 4. Abigail (296) 5. Kayla (288)
2004	1. Madison (431) 2. Emily (384) 3. Emma (356) 4. Kayla (318) 5. Hannah (291)
2003	1. Emily (428) 2. Madison (369) 3. Emma (364) 4. Kayla (320) 5. Hannah (296)
2002	1. Madison (422) 2. Emily (390) 3. Kayla (330) 4. Sarah (317) 5. Hannah (314)
2001	1. Emily (449) 2. Kayla (373) 3. Madison (352) 4. Hannah (342) 5. Sarah (326)
2000	1. Emily (458) 2. Kayla (397) 3. Hannah (388)

	4. Sarah (352) 5. Taylor (352)
1999	1. Emily (476) 2. Sarah (392) 3. Taylor (379) 4. Hannah (362) 5. Kayla (355)
1998	1. Emily (477) 2. Taylor (421) 3. Sarah (414) 4. Alexis (404) 5. Kayla (381)
1997	1. Emily (458) 2. Taylor (426) 3. Sarah (370) 4. Samantha (343) 5. Hannah (339)

Maine

2006	1. Emma (110) 2. Abigail (104) 3. Emily (96) 4. Olivia (92) 5. Madison (91)
2005	1. Emma (134) 2. Abigail (111) 3. Emily (108) 4. Hannah (108) 5. Madison (104)
2004	1. Emma (145) 2. Emily (126) 3. Madison (115) 4. Hannah (91) 5. Olivia (89)
2003	1. Emma (146) 2. Emily (116) 3. Abigail (108) 4. Hannah (108) 5. Madison (101)
2002	1. Emily (142) 2. Hannah (118) 3. Madison (111) 4. Abigail (109) 5. Emma (105)
2001	1. Emily (148) 2. Abigail (118) 3. Hannah (108) 4. Emma (103) 5. Madison (98)
2000	1. Emily (123) 2. Hannah (113) 3. Abigail (101)

	4. Samantha (91) 5. Emma (89)
1999	1. Emily (152) 2. Hannah (110) 3. Emma (93) 4. Sarah (89) 5. Samantha (79)
1998	1. Emily (138) 2. Hannah (106) 3. Sarah (100) 4. Emma (93) 5. Taylor (86)
1997	1. Emily (144) 2. Hannah (113) 3. Sarah (106) 4. Taylor (98) 5. Abigail (93)

Michigan

2006	1. Ava (749) 2. Emma (688) 3. Madison (653) 4. Olivia (636) 5. Emily (591)
2005	1. Emma (735) 2. Emily (698) 3. Madison (681) 4. Olivia (655) 5. Ava (653)
2004	1. Emma (875) 2. Madison (851) 3. Emily (798) 4. Olivia (719) 5. Hannah (555)
2003	1. Emma (893) 2. Madison (788) 3. Emily (785) 4. Olivia (768) 5. Hannah (645)
2002	1. Madison (898) 2. Emily (805) 3. Emma (727) 4. Hannah (720) 5. Olivia (681)
2001	1. Madison (930) 2. Emily (896) 3. Hannah (814) 4. Olivia (677) 5. Alexis (644)
2000	1. Emily (940) 2. Hannah (897) 3. Madison (866)

	4. Alexis (758) 5. Olivia (647)
1999	1. Emily (1,080) 2. Hannah (895) 3. Alexis (824) 4. Madison (749) 5. Samantha (675)
1998	1. Emily (1,091) 2. Hannah (853) 3. Alexis (819) 4. Samantha (756) 5. Taylor (751)
1997	1. Emily (1,072) 2. Hannah (856) 3. Samantha (796) 4. Sarah (786) 5. Taylor (780)

Minnesota

2006	1. Ava (480) 2. Grace (371) 3. Olivia (371) 4. Emma (365) 5. Sophia (353)
2005	1. Ava (459) 2. Grace (427) 3. Emma (420) 4. Emily (394) 5. Ella (393)
2004	1. Emma (562) 2. Grace (476) 3. Olivia (425) 4. Emily (393) 5. Abigail (347)
2003	1. Emma (617) 2. Grace (449) 3. Emily (429) 4. Olivia (401) 5. Abigail (368)
2002	1. Emma (505) 2. Grace (488) 3. Emily (442) 4. Olivia (398) 5. Abigail (394)
2001	1. Emily (482) 2. Grace (447) 3. Emma (415) 4. Madison (409) 5. Hannah (401)
2000	1. Emily (558) 2. Hannah (483) 3. Grace (429)

	4. Emma (412) 5. Elizabeth (373)
1999	1. Emily (585) 2. Samantha (415) 3. Hannah (409) 4. Emma (382) 5. Madison (369)
1998	1. Emily (577) 2. Hannah (495) 3. Samantha (406) 4. Madison (396) 5. Megan (366)
1997	1. Emily (613) 2. Hannah (509) 3. Samantha (444) 4. Megan (378) 5. Sarah (370)

Missouri

2006	1. Emma (490) 2. Madison (454) 3. Ava (394) 4. Abigail (378) 5. Emily (374)
2005	1. Emma (568) 2. Madison (508) 3. Emily (427) 4. Abigail (414) 5. Olivia (392)
2004	1. Emma (572) 2. Madison (529) 3. Emily (477) 4. Abigail (429) 5. Olivia (416)
2003	1. Emma (634) 2. Emily (537) 3. Madison (489) 4. Hannah (444) 5. Abigail (411)
2002	1. Madison (579) 2. Hannah (501) 3. Emily (499) 4. Emma (441) 5. Abigail (431)
2001	1. Hannah (594) 2. Emily (592) 3. Madison (548) 4. Abigail (440) 5. Alexis (419)
2000	1. Emily (605) 2. Hannah (603) 3. Madison (502)

	4. Taylor (429) 5. Alexis (422)
1999	1. Emily (613) 2. Hannah (573) 3. Madison (521) 4. Taylor (487) 5. Alexis (453)
1998	1. Emily (632) 2. Madison (569) 3. Hannah (568) 4. Taylor (523) 5. Samantha (455)
1997	1. Emily (664) 2. Hannah (561) 3. Taylor (539) 4. Madison (480) 5. Ashley (461)

Mississippi

2006	1. Madison (281) 2. Anna (199) 3. Emma (182) 4. Hannah (153) 5. Emily (145)
2005	1. Madison (271) 2. Emma (186) 3. Anna (172) 4. Emily (165) 5. Hannah (154)
2004	1. Madison (262) 2. Emily (194) 3. Hannah (185) 4. Anna (182) 5. Emma (179)
2003	1. Madison (303) 2. Hannah (197) 3. Anna (187) 4. Emma (169) 5. Alexis (166)
2002	1. Madison (264) 2. Hannah (212) 3. Anna (205) 4. Alexis (177) 5. Emily (159)
2001	1. Madison (263) 2. Hannah (257) 3. Anna (237) 4. Alexis (194) 5. Destiny (172)
2000	1. Hannah (283) 2. Madison (233) 3. Anna (228)

	4. Destiny (202) 5. Alexis (197)
1999	1. Madison (246) 2. Hannah (230) 3. Alexis (224) 4. Anna (198) 5. Emily (179)
1998	1. Alexis (235) 2. Hannah (233) 3. Madison (231) 4. Taylor (202) 5. Anna (186)
1997	1. Hannah (203) 2. Alexis (202) 3. Ashley (200) 4. Anna (182) 5. Taylor (181)

Montana

2006	1. Emma (62) 2. Abigail (57) 3. Madison (56) 4. Grace (44) 5. Hannah (43)
2005	1. Emma (69) 2. Madison (64) 3. Olivia (58) 4. Emily (56) 5. Alexis (47)
2004	1. Madison (85) 2. Emma (70) 3. Grace (54) 4. Hannah (52) 5. Emily (51)
2003	1. Emma (83) 2. Hannah (72) 3. Madison (71) 4. Hailey (56) 5. Emily (51)
2002	1. Madison (77) 2. Emily (71) 3. Hannah (68) 4. Emma (48) 5. Abigail (44)
2001	1. Madison (103) 2. Emily (65) 3. Hannah (63) 4. Alyssa (45) 5. Sarah (43)
2000	1. Madison (95) 2. Emily (77) 3. Taylor (55)

	4. Hannah (54) 5. Abigail (52)
1999	1. Madison (73) 2. Emily (69) 3. Hannah (66) 4. Taylor (55) 5. Alexis (50)
1998	1. Emily (77) 2. Madison (74) 3. Hannah (72) 4. Ashley (62) 5. Jessica (55)
1997	1. Hannah (71) 2. Madison (65) 3. Ashley (58) 4. Samantha (57) 5. Emily (52)

North Carolina

2006	1. Madison (664) 2. Emily (632) 3. Emma (566) 4. Abigail (521) 5. Hannah (521)
2005	1. Emily (695) 2. Emma (695) 3. Madison (691) 4. Hannah (548) 5. Abigail (470)
2004	1. Emma (724) 2. Emily (709) 3. Madison (698) 4. Hannah (602) 5. Abigail (485)
2003	1. Madison (691) 2. Emma (687) 3. Emily (662) 4. Hannah (602) 5. Abigail (515)
2002	1. Madison (799) 2. Hannah (722) 3. Emily (622) 4. Sarah (537) 5. Emma (520)
2001	1. Hannah (800) 2. Madison (763) 3. Emily (637) 4. Sarah (589) 5. Taylor (513)
2000	1. Hannah (937) 2. Madison (702) 3. Emily (684)

	4. Sarah (630) 5. Taylor (605)
1999	1. Hannah (810) 2. Sarah (699) 3. Emily (652) 4. Madison (632) 5. Taylor (595)
1998	1. Hannah (855) 2. Taylor (689) 3. Sarah (673) 4. Emily (666) 5. Madison (657)
1997	1. Hannah (815) 2. Sarah (704) 3. Emily (675) 4. Taylor (666) 5. Ashley (613)

North Dakota

2006	1. Ava (63) 2. Emma (62) 3. Grace (57) 4. Madison (53) 5. Alexis (47)
2005	1. Emma (75) 2. Hannah (60) 3. Madison (54) 4. Olivia (51) 5. Grace (50)
2004	1. Madison (77) 2. Emma (74) 3. Emily (65) 4. Grace (60) 5. Olivia (58)
2003	1. Emma (93) 2. Madison (83) 3. Hannah (66) 4. Emily (65) 5. Alexis (57)
2002	1. Madison (70) 2. Hannah (68) 3. Emily (55) 4. Grace (48) 5. Emma (47)
2001	1. Madison (91) 2. Hannah (59) 3. Emily (55) 4. Grace (52) 5. Emma (45)
2000	1. Madison (82) 2. Alexis (69) 3. Hannah (61)

	4. Emily (59) 5. Taylor (54)
1999	1. Hannah (87) 2. Madison (82) 3. Emily (77) 4. Alexis (71) 5. Taylor (69)
1998	1. Emily (92) 2. Madison (76) 3. Taylor (72) 4. Hannah (69) 5. Alexis (59)
1997	1. Emily (88) 2. Hannah (82) 3. Madison (80) 4. Samantha (67) 5. Taylor (64)

Nebraska

2006	1. Emma (164) 2. Ava (161) 3. Madison (133) 4. Addison (131) 5. Emily (119)
2005	1. Emma (158) 2. Emily (145) 3. Madison (140) 4. Grace (129) 5. Olivia (129)
2004	1. Emma (169) 2. Emily (151) 3. Madison (142) 4. Grace (136) 5. Hannah (127)
2003	1. Emma (207) 2. Emily (152) 3. Olivia (130) 4. Grace (126) 5. Madison (124)
2002	1. Emma (176) 2. Madison (174) 3. Emily (171) 4. Hannah (151) 5. Grace (126)
2001	1. Madison (190) 2. Emily (175) 3. Hannah (167) 4. Emma (137) 5. Grace (122)
2000	1. Hannah (194) 2. Madison (181) 3. Emily (177)

	4. Taylor (125) 5. Emma (124)
1999	1. Emily (187) 2. Hannah (132) 3. Madison (156) 4. Samantha (134) 5. Taylor (129)
1998	1. Emily (189) 2. Hannah (189) 3. Madison (176) 4. Alexis (140) 5. Taylor (134)
1997	1. Emily (182) 2. Hannah (169) 3. Taylor (161) 4. Madison (152) 5. Megan (135)

New Hampshire

2006	1. Emma (126) 2. Olivia (108) 3. Emily (95) 4. Ava (93) 5. Madison (86)
2005	1. Emma (127) 2. Emily (109) 3. Madison (100) 4. Olivia (92) 5.Ava (91)
2004	1. Emma (151) 2. Emily (123) 3. Abigail (108) 4. Hannah (104) 5. Madison (101)
2003	1. Emma (152) 2. Emily (135) 3. Olivia (120) 4. Abigail (99) 5. Madison (98)
2002	1. Emily (117) 2. Madison (112) 3. Emma (111) 4. Olivia (103) 5. Abigail (101)
2001	1. Emily (143) 2. Madison (129) 3. Hannah (124) 4. Emma (112) 5. Olivia (105)
2000	1. Emily (159) 2. Hannah (150) 3. Emma (112)

	4. Olivia (102) 5. Sarah (100)
1999	1. Emily (182) 2. Hannah (132) 3. Sarah (98) 4. Samantha (93) 5. Emma (89)
1998	1. Emily (157) 2. Hannah (128) 3. Sarah (103) 4. Madison (95) 5. Samantha (93)
1997	1. Emily (162) 2. Hannah (129) 3. Sarah (128) 4. Samantha (109) 5. Ashley (100)

New Jersey

2006	1. Isabella (651) 2. Ava (638) 3. Emily (615) 4. Sophia (494) 5. Olivia (476)
2005	1. Emily (698) 2. Isabella (557) 3. Ava (545) 4. Olivia (501) 5. Samantha (493)
2004	1. Emily (778) 2. Olivia (567) 3. Isabella (564) 4. Samantha (554) 5. Ashley (539)
2003	1. Emily (817) 2. Isabella (564) 3. Olivia (562) 4. Emma (540) 5. Samantha (508)
2002	1. Emily (785) 2. Samantha (576) 3. Ashley (563) 4. Sarah (518) 5. Kayla (508)
2001	1. Emily (768) 2. Samantha (609) 3. Ashley (526) 4. Nicole (526) 5. Sarah (519)
2000	1. Emily (811) 2. Samantha (690) 3. Nicole (610)

	4. Jessica (606) 5. Sarah (588)
1999	1. Emily (904) 2. Samantha (754) 3. Sarah (616) 4. Jessica (573) 5. Nicole (563)
1998	1. Samantha (809) 2. Emily (798) 3. Ashley (650) 4. Nicole (631) 5. Jessica (627)
1997	1. Emily (848) 2. Samantha (819) 3. Jessica (726) 4. Nicole (663) 5. Ashley (638)

New Mexico

2006	1. Isabella (121) 2. Alyssa (110) 3. Emily (103) 4. Mia (101) 5. Madison (92)
2005	1. Alyssa (116) 2. Emily (112) 3. Madison (106) 4. Isabella (97) 5. Destiny (96)
2004	1. Alyssa (112) 2. Isabella (112) 3. Alexis (109) 4. Emily (101) 5. Madison (93)
2003	1. Alexis (118) 2. Alyssa (118) 3. Emily (107) 4. Ashley (98) 5. Madison (91)
2002	1. Alexis (144) 2. Alyssa (134) 3. Ashley (111) 4. Brianna (91) 5. Emily (89)
2001	1. Alexis (139) 2. Alyssa (135) 3. Destiny (127) 4. Ashley (113) 5. Samantha (100)
2000	1. Alexis (141) 2. Alyssa (135) 3. Destiny (114)

	4. Ashley (110) 5. Brianna (110)
1999	1. Alexis (165) 2. Alyssa (125) 3. Samantha (121) 4. Ashley (116) 5. Mariah (100)
1998	1. Ashley (145) 2. Alyssa (138) 3. Alexis (136) 4. Samantha (127) 5. Jessica (121)
1997	1. Ashley (133) 2. Alexis (130) 3. Samantha (125) 4. Mariah (122) 5. Jessica (112)

Nevada

2006	1. Emily (165) 2. Isabella (143) 3. Mia (134) 4. Emma (129) 5. Ashley (127)
2005	1. Emily (180) 2. Samantha (137) 3. Ashley (134) 4. Isabella (134) 5. Madison (131)
2004	1. Ashley (155) 2. Emily (153) 3. Madison (152) 4. Isabella (137) 5. Emma (132)
2003	1. Emily (185) 2. Emma (150) 3. Ashley (147) 4. Madison (134) 5. Alexis (128)
2002	1. Emily (167) 2. Madison (153) 3. Ashley (141) 4. Alexis (121) 5. Samantha (114)
2001	1. Emily (172) 2. Ashley (155) 3. Madison (149) 4. Hannah (124) 5. Alexis (117)
2000	1. Emily (161) 2. Hannah (145) 3. Madison (140)

	4. Jessica (137) 5. Samantha (135)
1999	1. Samantha (147) 2. Taylor (140) 3. Emily (139) 4. Ashley (129) 5. Madison (129)
1998	1. Jessica (163) 2. Samantha (149) 3. Emily (143) 4. Alexis (140) 5. Ashley (140)
1997	1. Taylor (154) 2. Jessica (153) 3. Ashley (148) 4. Samantha (145) 5. Alexis (127)

New York

2006	1. Emily (1,307) 2. Isabella (1,216) 3. Ava (1,058) 4. Olivia (1,028) 5. Sophia (1,008)
2005	1. Emily (1,439) 2. Isabella (1,098) 3. Emma (1,092) 4. Olivia (1,062) 5. Madison (996)
2004	1. Emily (1,587) 2. Emma (1,196) 3. Olivia (1,129) 4. Isabella (1,080) 5. Ashley (1,053)
2003	1. Emily (1,626) 2. Emma (1,200) 3. Olivia (1,111) 4. Isabella (1,076) 5. Samantha (1,029)
2002	1. Emily (1,555) 2. Samantha (1,156) 3. Ashley (1,105) 4. Sarah (1,085) 5. Brianna (969)
2001	1. Emily (1,574) 2. Ashley (1,273) 3. Samantha (1,259) 4. Sarah (1,071) 5. Kayla (978)
2000	1. Emily (1,719) 2. Samantha (1,421) 3. Ashley (1,289)

	4. Sarah (1,256) 5. Jessica (1,143)
1999	1. Emily (1,850) 2. Samantha (1,571) 3. Ashley (1,341) 4. Sarah (1,299) 5. Jessica (1,180)
1998	1. Samantha (1,687) 2. Emily (1,671) 3. Ashley (1,491) 4. Jessica (1,282) 5. Sarah (1,260)
1997	1. Samantha (1,685) 2. Emily (1,631) 3. Ashley (1,497) 4. Jessica (1,455) 5. Sarah (1,387)

Ohio

2006	1. Emma (900) 2. Madison (857) 3. Ava (806) 4. Olivia (789) 5. Emily (735)
2005	1. Emma (1,051) 2. Madison (914) 3. Olivia (846) 4. Emily (835) 5. Ava (708)
2004	1. Emma (1,053) 2. Madison (1,030) 3. Emily (917) 4. Olivia (883) 5. Hannah (771)
2003	1. Emma (1,175) 2. Madison (1,020) 3. Emily (1,007) 4. Olivia (859) 5. Hannah (850)
2002	1. Madison (1,211) 2. Hannah (988) 3. Emily (956) 4. Alexis (872) 5. Olivia (851)
2001	1. Madison (1,252) 2. Hannah (1,085) 3. Emily (1,075) 4. Alexis (878) 5. Abigail (823)
2000	1. Hannah (1,190) 2. Emily (1,122) 3. Madison (1,104)

	4. Alexis (970) 5. Taylor (837)
1999	1. Hannah (1,188) 2. Emily (1,167) 3. Alexis (1,003) 4. Madison (992) 5. Taylor (941)
1998	1. Emily (1,191) 2. Taylor (1,141) 3. Hannah (1,118) 4. Alexis (1,019) 5. Madison (930)
1997	1. Emily (1,293) 2. Taylor (1,161) 3. Hannah (1,124) 4. Samantha (922) 5. Sarah (915)

Oklahoma

2006	1. Emma (275) 2. Madison (251) 3. Emily (236) 4. Abigail (208) 5. Hannah (201)
2005	1. Emma (278) 2. Madison (277) 3. Emily (273) 4. Hannah (248) 5. Abigail (194)
2004	1. Madison (330) 2. Emily (316) 3. Emma (278) 4. Alexis (210) 5. Hannah (206)
2003	1. Emily (310) 2. Madison (282) 3. Emma (274) 4. Hannah (238) 5. Abigail (220)
2002	1. Madison (357) 2. Emily (308) 3. Hannah (290) 4. Alexis (193) 5. Abigail (191)
2001	1. Madison (384) 2. Hannah (301) 3. Emily (291) 4. Alexis (212) 5. Ashley (194)
2000	1. Madison (329) 2. Emily (315) 3. Hannah (314)

	4. Taylor (234) 5. Sarah (206)
1999	1. Madison (317) 2. Hannah (315) 3. Emily (313) 4. Taylor (227) 5. Alexis (225)
1998	1. Hannah (337) 2. Emily (332) 3. Madison (326) 4. Taylor (266) 5. Jessica (238)
1997	1. Taylor (310) 2. Madison (299) 3. Emily (286) 4. Hannah (259) 5. Jessica (244)

Oregon

2006	1. Emma (252) 2. Emily (242) 3. Madison (200) 4. Olivia (198) 5. Abigail (193)
2005	1. Emma (282) 2. Emily (255) 3. Madison (209) 4. Hannah (196) 5. Olivia (195)
2004	1. Emily (295) 2. Emma (264) 3. Madison (224) 4. Grace (219) 5. Hannah (207)
2003	1. Emma (290) 2. Emily (285) 3. Hannah (249) 4. Madison (230) 5. Olivia (219)
2002	1. Emily (278) 2. Madison (256) 3. Emma (250) 4. Hannah (245) 5. Elizabeth (208)
2001	1. Emily (293) 2. Madison (289) 3. Hannah (263) 4. Emma (222) 5. Elizabeth (207)
2000	1. Emily (312) 2. Hannah (310) 3. Madison (223)

	4. Emma (206) 5. Ashley (205)
1999	1. Emily (321) 2. Hannah (274) 3. Emma (239) 4. Jessica (213) 5. Madison (209)
1998	1.Jacob (495) 2.Austin (335) 3.Joshua (295) 4.Tyler (295) 5.Michael (294)
1997	1. Emily (375) 2. Hannah (336) 3. Jessica (270) 4. Sarah (235) 5. Madison (230)

Pennsylvania

2006	1. Ava (868) 2. Emily (810) 3. Madison (796) 4. Emma (790) 5. Olivia (774)
2005	1. Emily (888) 2. Madison (862) 3. Emma (857) 4. Olivia (789) 5. Abigail (725)
2004	1. Emily (1,021) 2. Emma (1,000) 3. Madison (948) 4. Olivia (827) 5. Abigail (681)
2003	1. Emily (1,136) 2. Emma (1,010) 3. Madison (917) 4. Olivia (860) 5. Hannah (780)
2002	1. Emily (1,152) 2. Madison (1,053) 3. Hannah (811) 4. Abigail (744) 5. Sarah (742)
2001	1. Emily (1,117) 2. Madison (1,086) 3. Hannah (807) 4. Sarah (789) 5. Abigail (755)
2000	1. Emily (1,174) 2. Madison (998) 3. Hannah (921)

	4. Sarah (818) 5. Alexis (759)
1999	1. Emily (1,240) 2. Sarah (942) 3. Hannah (866) 4. Madison (850) 5. Alexis (838)
1998	1. Emily (1,370) 2. Sarah (929) 3. Samantha (925) 4. Hannah (838) 5. Madison (834)
1997	1. Emily (1,300) 2. Samantha (952) 3. Sarah (947) 4. Taylor (944) 5. Jessica (826)

Rhode Island

2006	1. Isabella (100) 2. Olivia (93) 3. Ava (89) 4. Madison (85) 5. Emily (81)
2005	1. Olivia (97) 2. Ava (88) 3. Abigail (80) 4. Emily (80) 5. Madison (79)
2004	1. Emily (118) 2. Madison (87) 3. Emma (86) 4. Isabella (86) 5. Olivia (83)
2003	1. Emily (114) 2. Madison (99) 3. Emma (90) 4. Olivia (84) 5. Isabella (78)
2002	1. Madison (110) 2. Emily (92) 3. Emma (92) 4. Isabella (75) 5. Ashley (74)
2001	1. Emily (105) 2. Madison (84) 3. Samantha (80) 4. Hannah (77) 5. Sarah (77)
2000	1. Emily (122) 2. Hannah (84) 3. Sarah (80)

	4. Madison (75) 5. Victoria (70)
1999	1. Emily (105) 2. Samantha (92) 3. Hannah (91) 4. Sarah (91) 5. Madison (81)
1998	1. Emily (122) 2. Samantha (104) 3. Hannah (75) 4. Victoria (71) 5. Madison (68)
1997	1. Emily (108) 2. Samantha (91) 3. Sarah (83) 4. Jessica (79) 5. Nicole (71)

South Carolina

2006	1. Madison (382) 2. Emma (273) 3. Emily (266) 4. Hannah (220) 5. Olivia (202)
2005	1. Emily (326) 2. Madison (307) 3. Emma (276) 4. Hannah (231) 5. Abigail (226)
2004	1. Madison (373) 2. Emily (338) 3. Emma (283) 4. Hannah (260) 5. Abigail (210)
2003	1. Madison (340) 2. Emily (308) 3. Hannah (296) 4. Olivia (214) 5. Emma (213)
2002	1. Madison (365) 2. Hannah (297) 3. Emily (290) 4. Elizabeth (237) 5. Abigail (222)
2001	1. Madison (366) 2. Hannah (341) 3. Emily (302) 4. Taylor (232) 5. Anna (228)
2000	1. Hannah (385) 2. Madison (343) 3. Emily (310)

	4. Alexis (260) 5. Taylor (242)
1999	1. Hannah (358) 2. Emily (304) 3. Alexis (292) 4. Taylor (281) 5. Sarah (250)
1998	1. Hannah (363) 2. Taylor (339) 3. Alexis (299) 4. Emily (297) 5. Ashley (265)
1997	1. Hannah (321) 2. Taylor (300) 3. Sarah (268) 4. Alexis (265) 5. Ashley (254)

South Dakota

2006	1. Emma (64) 2. Hannah (63) 3. Ava (59) 4. Grace (55) 5. Madison (52)
2005	1. Emma (60) 2. Madison (60) 3. Olivia (60) 4. Emily (58) 5. Grace (53)
2004	1. Madison (81) 2. Emma (73) 3. Emily (68) 4. Olivia (61) 5. Hannah (56)
2003	1. Emma (88) 2. Hannah (74) 3. Emily (69) 4. Olivia (65) 5. Madison (58)
2002	1. Hannah (72) 2. Emily (67) 3. Grace (57) 4. Abigail (55) 5. Emma (53)
2001	1. Madison (68) 2. Hannah (65) 3. Grace (60) 4. Taylor (57) 5. Emily (54)
2000	1. Hannah (97) 2. Emily (76) 3. Morgan (65)

	4. Taylor (60) 5. Grace (58)
1999	1. Alexis (74) 2. Hannah (71) 3. Emily (67) 4. Madison (65) 5. Taylor (62)
1998	1. Emily (80) 2. Hannah (74) 3. Taylor (66) 4. Madison (61) 5. Samantha (59)
1997	1. Hannah (76) 2. Samantha (76) 3. Emily (70) 4. Taylor (70) 5. Ashley (60)

Tennessee

2006	1. Madison (561) 2. Emma (527) 3. Emily (476) 4. Hannah (464) 5. Abigail (454)
2005	1. Madison (597) 2. Emma (574) 3. Emily (519) 4. Hannah (476) 5. Abigail (386)
2004	1. Madison (592) 2. Emma (586) 3. Emily (563) 4. Hannah (521) 5. Abigail (385)
2003	1. Madison (665) 2. Emma (601) 3. Hannah (583) 4. Emily (524) 5. Abigail (388)
2002	1. Madison (620) 2. Hannah (606) 3. Emily (573) 4. Emma (422) 5. Sarah (398)
2001	1. Hannah (691) 2. Madison (635) 3. Emily (541) 4. Sarah (440) 5. Alexis (405)
2000	1. Hannah (705) 2. Madison (596) 3. Emily (576)

	4. Sarah (464) 5. Alexis (458)
1999	1. Hannah (706) 2. Emily (611) 3. Madison (528) 4. Sarah (480) 5. Taylor (480)
1998	1. Hannah (689) 2. Emily (608) 3. Madison (530) 4. Alexis (504) 5. Sarah (493)
1997	1. Hannah (690) 2. Emily (530) 3. Sarah (497) 4. Taylor (496) 5. Ashley (447)

Texas

2006	1. Emily (2,100) 2. Mia (1,759) 3. Ashley (1,490) 4. Isabella (1,482) 5. Madison (1,458)
2005	1. Emily (2,467) 2. Mia (1,643) 3. Madison (1,609) 4. Ashley (1,579) 5. Emma (1,472)
2004	1. Emily (2,422) 2. Ashley (1,740) 3. Madison (1,645) 4. Emma (1,391) 5. Alyssa (1,348)
2003	1. Emily (2,317) 2. Ashley (1,707) 3. Madison (1,620) 4. Emma (1,434) 5. Alyssa (1,369)
2002	1. Emily (2,078) 2. Madison (1,724) 3. Ashley (1,683) 4. Alyssa (1,442) 5. Alexis (1,439)
2001	1. Emily (2,048) 2. Madison (1,816) 3. Ashley (1,718) 4. Alexis (1,456) 5. Alyssa (1,426)
2000	1. Emily (2,036) 2. Ashley (1,837) 3. Hannah (1,669)

	4. Madison (1,543) 5. Alexis (1,542)
1999	1. Emily (1,933) 2. Alexis (1,794) 3. Ashley (1,770) 4. Samantha (1,761) 5. Hannah (1,585)
1998	1. Emily (1,811) 2. Ashley (1,794) 3. Alexis (1,760) 4. Samantha (1,675) 5. Sarah (1,571)
1997	1. Ashley (1,965) 2. Emily (1,741) 3. Jessica (1,696) 4. Sarah (1,552) 5. Alexis (1,506)

Utah

2006	1. Emma (305) 2. Abigail (220) 3. Olivia (211) 4. Elizabeth (207) 5. Emily (203)
2005	1. Emma (310) 2. Emily (256) 3. Olivia (245) 4. Abigail (217) 5. Hannah (210)
2004	1. Emma (378) 2. Emily (238) 3. Olivia (237) 4. Madison (236) 5. Abigail (226)
2003	1. Emma (391) 2. Madison (272) 3. Emily (256) 4. Hannah (256) 5. Abigail (234)
2002	1. Emily (281) 2. Emma (272) 3. Abigail (266) 4. Madison (264) 5. Hannah (249)
2001	1. Emily (308) 2. Madison (286) 3. Emma (252) 4. Hannah (237) 5. Alexis (226)
2000	1. Madison (311) 2. Emily (303) 3. Hannah (301)

	4. Abigail (226) 5. Samantha (223)
1999	1. Emily (346) 2. Madison (314) 3. Hannah (265) 4. Samantha (244) 5. Sarah (239)
1998	1. Madison (306) 2. Emily (290) 3. Hannah (279) 4. Sarah (263) 5. Samantha (250)
1997	1. Madison (289) 2. Jessica (283) 3. Emily (249) 4. Hannah (234) 5. Sarah (234)

Virginia

2006	1. Madison (542) 2. Emily (521) 3. Abigail (477) 4. Emma (459) 5. Hannah (439)
2005	1. Emily (589) 2. Madison (567) 3. Emma (509) 4. Hannah (475) 5. Abigail (450)
2004	1. Madison (644) 2. Emily (643) 3. Emma (538) 4. Hannah (460) 5. Olivia (414)
2003	1. Emily (668) 2. Emma (613) 3. Madison (552) 4. Hannah (524) 5. Abigail (458)
2002	1. Madison (625) 2. Emily (597) 3. Hannah (559) 4. Sarah (480) 5. Abigail (421)
2001	1. Emily (621) 2. Hannah (574) 3. Madison (573) 4. Sarah (514) 5. Abigail (408)
2000	1. Hannah (707) 2. Emily (596) 3. Sarah (543)

	4. Madison (499) 5. Alexis (448)
1999	1. Emily (662) 2. Hannah (618) 3. Sarah (536) 4. Taylor (494) 5. Alexis (493)
1998	1. Emily (659) 2. Hannah (611) 3. Sarah (586) 4. Taylor (527) 5. Alexis (499)
1997	1. Emily (670) 2. Sarah (580) 3. Hannah (570) 4. Taylor (566) 5. Ashley (463)

Vermont

2006	1. Emma (57) 2. Ava (53) 3. Abigail (37) 4. Grace (37) 5. Olivia (36)
2005	1. Emma (61) 2. Emily (47) 3. Olivia (43) 4. Hannah (42) 5. Madison (40)
2004	1. Emma (72) 2. Emily (57) 3. Olivia (43) 4. Madison (42) 5. Abigail (37)
2003	1. Emma (57) 2. Emily (52) 3. Abigail (46) 4. Madison (46) 5. Hannah (41)
2002	1. Emma (63) 2. Hannah (58) 3. Madison (50) 4. Emily (48) 5. Abigail (43)
2001	1. Emily (52) 2. Hannah (50) 3. Olivia (47) 4. Emma (46) 5. Madison (45)
2000	1. Emily (69) 2. Olivia (51) 3. Abigail (48)

	4. Emma (46) 5. Hannah (46)
1999	1. Hannah (64) 2. Emily (58) 3. Emma (51) 4. Taylor (41) 5. Olivia (40)
1998	1. Emily (71) 2. Hannah (57) 3. Sarah (43) 4. Taylor (43) 5. Madison (40)
1997	1. Emily (61) 2. Samantha (45) 3. Taylor (45) 4. Hannah (42) 5. Sarah (41)

Washington

2006	1. Emma (415) 2. Emily (389) 3. Ava (374) 4. Olivia (351) 5. Isabella (348)
2005	1. Emma (423) 2. Emily (411) 3. Madison (357) 4. Olivia (352) 5. Isabella (325)
2004	1. Emma (486) 2. Emily (465) 3. Olivia (364) 4. Isabella (362) 5. Madison (349)
2003	1. Emma (555) 2. Emily (480) 3. Olivia (380) 4. Madison (370) 5. Hannah (358)
2002	1. Emily (494) 2. Emma (429) 3. Hannah (415) 4. Madison (391) 5. Olivia (333)
2001	1. Emily (507) 2. Madison (451) 3. Hannah (433) 4. Emma (351) 5. Grace (333)
2000	1. Emily (555) 2. Hannah (506) 3. Madison (440)

	4. Emma (368) 5. Sarah (350)
1999	1. Emily (553) 2. Hannah (486) 3. Samantha (402) 4. Madison (392) 5. Jessica (352)
1998	1. Emily (565) 2. Hannah (491) 3. Madison (445) 4. Samantha (409) 5. Taylor (366)
1997	1. Emily (638) 2. Hannah (448) 3. Sarah (428) 4. Jessica (423) 5. Samantha (418)

Wisconsin

2006	1. Ava (431) 2. Emma (427) 3. Emily (357) 4. Olivia (357) 5. Isabella (336)
2005	1. Emma (452) 2. Olivia (411) 3. Emily (386) 4. Ava (350) 5. Abigail (344)
2004	1. Emma (473) 2. Olivia (418) 3. Emily (393) 4. Abigail (358) 5. Grace (346)
2003	1. Emma (560) 2. Emily (462) 3. Olivia (412) 4. Grace (386) 5. Hannah (372)
2002	1. Emily (499) 2. Emma (442) 3. Olivia (377) 4. Abigail (374) 5. Hannah (374)
2001	1. Emily (541) 2. Hannah (439) 3. Emma (363) 4. Olivia (355) 5. Megan (344)
2000	1. Emily (560) 2. Hannah (459) 3. Samantha (373)

	4. Elizabeth (357) 5. Alexis (315)
1999	1. Emily (547) 2. Hannah (482) 3. Alexis (381) 4. Taylor (371) 5. Megan (369)
1998	1. Emily (563) 2. Hannah (471) 3. Samantha (467) 4. Alexis (374) 5. Elizabeth (370)
1997	1. Emily (604) 2. Hannah (468) 3. Samantha (444) 4. Megan (387) 5. Elizabeth (371)

West Virginia

2006	1. Madison (181) 2. Hannah (151) 3. Emily (139) 4. Abigail (134) 5. Alexis (129)
2005	1. Madison (197) 2. Emily (195) 3. Emma (168) 4. Hannah (136) 5. Olivia (134)
2004	1. Madison (212) 2. Emily (202) 3. Hannah (176) 4. Emma (165) 5. Alexis (140)
2003	1. Madison (243) 2. Emily (230) 3. Hannah (195) 4. Emma (159) 5. Alexis (149)
2002	1. Madison (225) 2. Hannah (215) 3. Emily (212) 4. Alexis (156) 5. Abigail (146)
2001	1. Madison (232) 2. Hannah (218) 3. Emily (210) 4. Alexis (170) 5. Abigail (111)
2000	1. Hannah (220) 2. Emily (203) 3. Madison (196)

	4. Alexis (146) 5. Haley (123)
1999	1. Hannah (219) 2. Madison (198) 3. Emily (179) 4. Alexis (161) 5. Taylor (148)
1998	1. Hannah (221) 2. Emily (183) 3. Taylor (156) 4. Madison (145) 5. Ashley (138)
1997	1. Emily (211) 2. Hannah (202) 3. Sarah (155) 4. Taylor (134) 5. Samantha (128)

Wyoming

2006	1. Emily (38) 2. Emma (38) 3. Madison (29) 4. Alexis (27) 5. Hannah (25)
2005	1. Madison (38) 2. Emma (31) 3. Hailey (29) 4. Hannah (29) 5. Olivia (26)
2004	1. Madison (40) 2. Emma (37) 3. Alexis (31) 4. Elizabeth (31) 5. Hannah (28)
2003	1. Emma (38) 2. Madison (37) 3. Hannah (36) 4. Alexis (27) 5. Emily (27)
2002	1. Madison (35) 2. Hannah (27) 3. Elizabeth (25) 4. Taylor (25) 5. Emily (24)
2001	1. Madison (37) 2. Taylor (35) 3. Alexis (29) 4. Emily (23) 5. Megan (23)
2000	1. Madison (45) 2. Taylor (39) 3. Emily (37)

| | 4. Alexis (34)
5. Hannah (32) |
|------|---|
| 1999 | 1 Taylor (37)
2. Hannah (36)
3. Madison (35)
4. Emily (26)
5. Samantha (26) |
| 1998 | 1. Madison (34)
2. Taylor (33)
3. Sarah (32)
4. Ashley (31)
5. Emily (29) |
| 1997 | 1. Emily (42)
2. Taylor (42)
3. Hannah (36)
4. Samantha (34)
5. Jessica (28) |

How Things Have Changed: The Top 1000 Names of 1900 & of 2000

1900

1. Mary	39. Esther	77. Maude	115. Lois
2. Helen	40. Lillie	78. Beulah	116. Rosie
3. Anna	41. Agnes	79. Dora	117. Doris
4. Margaret	42. Ella	80. Susie	118. Estelle
5. Ruth	43. Nellie	81. Daisy	119. Addie
6. Elizabeth	44. Mattie	82. Ellen	120. Alberta
7. Florence	45. Laura	83. Nora	121. Lorette
8. Ethel	46. Julia	84. Sadie	122. Lela
9. Marie	47. Josephine	85. Leona	123. Etta
10. Lillian	48. Carrie	86. Marguerite	124. Mable
11. Annie	49. Viola	87. Georgia	125. Rebecca
12. Edna	50. Hattie	88. Eleanor	126. Eunice
13. Emma	51. Ruby	89. Effie	127. Goldie
14. Alice	52. Lena	90. Della	128. Jane
15. Bessie	53. Jessie	91. May	129. Essie
16. Bertha	54. Mae	92. Ann	130. Henrietta
17. Grace	55. Cora	93. Kathryn	131. Iva
18. Rose	56. Beatrice	94. Nettie	132. Jean
19. Clara	57. Alma	95. Olive	133. Ora
20. Mildred	58. Willie	96. Bernice	134. Harriet
21. Gladys	59. Mamie	97. Lottie	135. Caroline
22. Minnie	60. Blanche	98. Nancy	136. Nannie
23. Gertrude	61. Lucy	99. Sallie	137. Sylvia
24. Pearl	62. Lula	100. Betty	138. Eula
25. Mabel	63. Fannie	101. Hilda	139. Mollie
26. Frances	64. Jennie	102. Theresa	140. Opal
27. Dorothy	65. Katherine	103. Lizzie	141. Velma
28. Martha	66. Marion	104. Lydia	142. Genevieve
29. Hazel	67. Lucille	105. Emily	143. Susan
30. Ida	68. Stella	106. Flora	144. Verna
31. Irene	69. Rosa	107. Katie	145. Marian
32. Myrtle	70. Evelyn	108. Violet	146. Amelia
33. Eva	71. Pauline	109. Anne	147. Lucile
34. Catherine	72. Ada	110. Charlotte	148. Victoria

35. Louise	73. Thelma	111. Marjorie	149. Madeline
36. Edith	74. Virginia	112. Inez	150. Maria
37. Sarah	75. Maggie	113. Ollie	151. Christine
38. Elsie	76. Vera	114. Lola	152. Vivian
153. Rachel	196. Virgie	239. Lorena	282. Angeline
154. Amanda	197. Sophia	240. Anita	283. Christina
155. Nina	198. Nell	241. Ila	284. Hettie
156. Olga	199. Cecilia	242. Jewell	285. Linda
157. Sara	200. Augusta	243. Maudie	286. Nona
158. Flossie	201. Selma	244. Lessie	287. Rosetta
159. Estella	202. Adeline	245. Lora	288. Zelma
160. Ola	203. Gussie	246. Cecile	289. Cecil
161. Matilda	204. Leola	247. Zella	290. Nola
162. Barbara	205. Rena	248. Fay	291. Isabella
163. Sophie	206. Jeanette	249. Jeannette	292. Phyllis
164. Alta	207. Delia	250. Bettie	293. June
165. Amy	208. Mayme	251. Olivia	294. Lily
166. Eliza	209. Millie	252. Leah	295. Marcella
167. Janie	210. Isabelle	253. Johnnie	296. Claudia
168. Irma	211. Muriel	254. Myra	297. Dessie
169. Hannah	212. Bonnie	255. Rita	298. Lucinda
170. Kathleen	213. Veronica	256. Jewel	299. Corinne
171. Freda	214. Miriam	257. Francis	300. Rosalie
172. Geneva	215. Roxie	258. Gracie	301. Edythe
173. Celia	216. Lelia	259. Sue	302. Lorraine
174. Norma	217. Margie	260. Hallie	303. Gertie
175. Callie	218. Dollie	261. Neva	304. Oma
176. Naomi	219. Birdie	262. Claire	305. Reba
177. Winifred	220. Teresa	263. Dovie	306. Alvina
178. Elva	221. Bertie	264. Lilly	307. Angelina
179. Frieda	222. Regina	265. Lenora	308. Erna
180. Kate	223. Tillie	266. Rhoda	309. Wilhelmina
181. Belle	224. Cornelia	267. Harriett	310. Annette
182. Sally	225. Roberta	268. Ophelia	311. Blanch
183. Ina	226. Cleo	269. Geraldine	312. Clarice
184. Allie	227. Lulu	270. Johanna	313. Linnie
185. Isabel	228. Audrey	271. Louisa	314. Mathilda
186. Maud	229. Faye	272. Lettie	315. Merle

Popular Baby Girl Names

187. Wilma	230. Carolyn	273. Katharine	316. Abbie
188. Erma	231. Adele	274. Dorothea	317. Constance
189. Juanita	232. Madge	275. Lou	318. Eugenia
190. Winnie	233. Adelaide	276. Pearlie	319. Helena
191. Lila	234. Hester	277. Helene	320. Shirley
192. Luella	235. Elma	278. Lee	321. Vesta
193. Josie	236. Elnora	279. Elvira	322. Louella
194. Fern	237. Letha	280. Antoinette	323. Hulda
195. Cecelia	238. Leila	281. Bess	324. Priscilla
325. Corine	368. Eileen	411. Molly	454. Berta
326. Janet	369. Floy	412. Natalie	455. Dixie
327. Angela	370. Willa	413. Ocie	456. Elisabeth
328. Eloise	371. Iona	414. Queen	457. Lida
329. Mittie	372. Lauretta	415. Aurelia	458. Mabelle
330. Golda	373. Lenore	416. Estell	459. Claudie
331. Jannie	374. Malinda	417. Agatha	460. Donnie
332. Catharine	375. Vida	418. Ava	461. Lue
333. Lorene	376. Cordelia	419. Clyde	462. Octavia
334. Lona	377. Mazie	420. Ellie	463. Dena
335. Elsa	378. Polly	421. Lina	464. Elda
336. Minerva	379. Alpha	422. Sybil	465. Nan
337. Leota	380. Peggy	423. Bell	466. Savannah
338. Zora	381. Billie	424. Clare	467. Tina
339. Jimmie	382. Elise	425. Sudie	468. Tressie
340. Meta	383. Ivy	426. Iris	469. Antonia
341. Dolly	384. Jeanne	427. Belva	470. Elinor
342. Orpha	385. Mandy	428. Joyce	471. Lavina
343. Rosella	386. Ona	429. Judith	472. Lennie
344. Tessie	387. Era	430. Vada	473. Pattie
345. Wanda	388. Annabelle	431. Hortense	474. Veda
346. Eddie	389. Bella	432. Idella	475. Ferne
347. Ernestine	390. Chloe	433. Beryl	476. Rhea
348. Leta	391. Ester	434. Connie	477. Tennie
349. Patricia	392. Carol	435. Florine	478. Adelia
350. Dolores	393. Frankie	436. Imogene	479. Celeste

351. Evie	394. Iola	437. Vina	480. Elaine
352. Isabell	395. Leora	438. Emilie	481. Ira
353. Mina	396. Phoebe	439. Madeleine	482. Adell
354. Carmen	397. Zula	440. Reva	483. Albina
355. Maybelle	398. Una	441. Avis	484. Ludie
356. Nelle	399. Angie	442. Carmela	485. Margret
357. Odessa	400. Mona	443. Florida	486. Mercedes
358. Pansy	401. Verda	444. Joan	487. Patsy
359. Yvonne	402. Evangeline	445. Lilla	488. Tena
360. Cynthia	403. Ione	446. Lovie	489. Bernadette
361. Artie	404. Maxine	447. Marietta	490. Easter
362. Donna	405. Myrtie	448. Pinkie	491. Emmie
363. Lura	406. Rae	449. Tommie	492. Maurine
364. Fanny	407. Aileen	450. Corrine	493. Wilda
365. Georgie	408. Alva	451. Esta	494. Zola
366. Aline	409. Leatha	452. Gretchen	495. Arlene
367. Cassie	410. Leone	453. Pearle	496. Camille
497. Paula	540. Rosemary	583. Eda	626. Altha
498. Robbie	541. Vallie	584. Elenora	627. Greta
499. Dona	542. Vernie	585. Ima	628. Justine
500. Georgiana	543. Winnifred	586. Marcia	629. Magdalena
501. Harriette	544. Evalyn	587. Maye	630. Maxie
502. John	545. George	588. Sadye	631. Maybell
503. Zelda	546. Guadalupe	589. Alda	632. Ossie
504. Alyce	547. Jenny	590. Althea	633. Verdie
505. Elna	548. Jettie	591. Arline	634. Albertine
506. Glenna	549. Kitty	592. Bobbie	635. Etha
507. Melvina	550. Laverne	593. Eve	636. Exie
508. Rilla	551. Madelyn	594. Freddie	637. Osie
509. Charity	552. Mallie	595. Hope	638. Serena
510. Kattie	553. Minna	596. Johnie	639. Veva
511. Lyda	554. Monica	597. Margarita	640. Almeda
512. Melba	555. Myrtis	598. Mellie	641. Bethel
513. Rachael	556. Vergie	599. Novella	642. Celestine
514. William	557. Adela	600. Queenie	643. Elvera

Popular Baby Girl Names

515. Zona	558. Allene	601. Ray	644. Ettie
516. Julie	559. Clemmie	602. Sibyl	645. Grayce
517. Luvenia	560. Emilia	603. Susanna	646. Hildegarde
518. Vinnie	561. Francisca	604. Viva	647. Leslie
519. Loraine	562. Hilma	605. Icie	648. Letitia
520. Lucia	563. Madie	606. Inga	649. Lilian
521. Magnolia	564. Mammie	607. Juana	650. Lorine
522. Marvel	565. Margery	608. Katheryn	651. Lorna
523. Rowena	566. Philomena	609. Kittie	652. Luna
524. Bennie	567. Adah	610. Mertie	653. Malissa
525. Eleanora	568. Annabel	611. Adella	654. Myrna
526. Gloria	569. Annis	612. Anastasia	655. Yetta
527. James	570. Bernadine	613. Birtha	656. Albertha
528. Lavinia	571. Eleanore	614. Elmira	657. Berenice
529. Manuela	572. Gwendolyn	615. Eura	658. Beth
530. Nadine	573. Janice	616. Faith	659. Clementine
531. Ursula	574. Joanna	617. Joe	660. Diana
532. Bridget	575. Lonie	618. Lelah	661. Ethelyn
533. Camilla	576. Vena	619. Lonnie	662. Ethyl
534. Carolina	577. Arvilla	620. Magdalene	663. Garnet
535. Cordie	578. Beaulah	621. Meda	664. Kathrine
536. Leonora	579. Berniece	622. Reta	665. Lea
537. Melissa	580. Bulah	623. Rubie	666. Louvenia
538. Petra	581. Delphia	624. Sophronia	667. Margarette
539. Retta	582. Delphine	625. Valeria	668. Mariah
669. Nita	712. Hassie	755. Mathilde	798. Theo
670. Nova	713. Idell	756. Missouri	799. Vella
671. Odell	714. Kay	757. Robert	800. Verla
672. Onie	715. Lenna	758. Rosalee	801. Verona
673. Ramona	716. Liza	759. Theodora	802. Versie
674. Roma	717. Lossie	760. Alene	803. Adrienne
675. Rosia	718. Marjory	761. Arrie	804. Ammie
676. Charles	719. Neta	762. Cordia	805. Annetta

677. Enid	720. Ouida	763. Corene	806. Aurora
678. Florrie	721. Portia	764. Ebba	807. Clora
679. Freida	722. Therese	765. Elena	808. Delilah
680. Gail	723. Treva	766. Eugenie	809. Dellar
681. Lucie	724. Zoe	767. Hazle	810. Delta
682. Lucretia	725. Aletha	768. Hildegard	811. Elberta
683. Madaline	726. Ara	769. Huldah	812. Elisa
684. Odie	727. Audra	770. Jessica	813. Ether
685. Prudence	728. Carmella	771. Libbie	814. Frona
686. Sena	729. Edwina	772. Melva	815. Garnett
687. Signe	730. Elfrieda	773. Nevada	816. Gena
688. Amalia	731. Emelia	774. Retha	817. Josefine
689. Audie	732. Emmer	775. Rosina	818. Louie
690. Cathrine	733. Euna	776. Rubye	819. Macie
691. Charlie	734. Filomena	777. Sidney	820. Margarett
692. Crystal	735. Henry	778. Thora	821. Martina
693. Delma	736. Kathryne	779. Trudie	822. Melinda
694. Georgianna	737. Lady	780. Alfreda	823. Mossie
695. Joy	738. Lala	781. Arlie	824. Myrle
696. Millicent	739. Loma	782. Delpha	825. Myrtice
697. Monnie	740. Myrl	783. Docia	826. Nonie
698. Nelda	741. Stephanie	784. Dottie	827. Ressie
699. Rosalia	742. Zada	785. Eldora	828. Ruthie
700. Rossie	743. Amie	786. Emeline	829. Tilda
701. Samantha	744. Augustine	787. Hanna	830. Tressa
702. Selina	745. Berdie	788. Hessie	831. Valerie
703. Sula	746. Betsy	789. Leda	832. Verlie
704. Velva	747. Corrie	790. Leontine	833. Zena
705. Aggie	748. Dinah	791. Libby	834. Ardella
706. Alida	749. Dorthy	792. Manda	835. Arie
707. Deborah	750. Elizebeth	793. Norine	836. Besse
708. Elvie	751. Fairy	794. Oda	837. Clarissa
709. Eulah	752. Hertha	795. Phebe	838. Concetta
710. Gene	753. Ines	796. Sammie	839. Dana
711. Golden	754. Jo	797. Tempie	840. Elta
841. Felicia	881. Pollie	921.	961. Salome

		Antonette	
842. Glenn	882. Reatha	922. Arthur	962. Theda
843. Hildred	883. Rosanna	923. Cara	963. Thomas
844. Jacqueline	884. Tomasa	924. Cathryn	964. Twila
845. Jamie	885. Violette	925. Classie	965. Vassie
846. Janette	886. Zettie	926. Daphne	966. Vernon
847. Josiephine	887. Adaline	927. Edyth	967. Vertie
848. Juliette	888. Adelle	928. Evelina	968. Vira
849. Lavada	889. Ana	929. Katy	969. Virgil
850. Lelar	890. Arlena	930. Leo	970. Alvira
851. Leonore	891. Carmelita	931. Lilyan	971. Amber
852. Lutie	892. Christena	932. Loretto	972. America
853. Maryann	893. Dell	933. Mahala	973. Angelita
854. Mettie	894. Earline	934. Margaretta	974. Bina
855. Rosalind	895. Elmer	935. Neoma	975. Bula
856. Sabina	896. Hedwig	936. Odelia	976. Caldonia
857. Selena	897. Helga	937. Olevia	977. Celesta
858. Vernice	898. Hellen	938. Otelia	978. Christie
859. Zadie	899. Henriette	939. Sofia	979. Clella
860. Zita	900. Hermina	940. Zetta	980. Clifford
861. Adelina	901. Hildur	941. Adline	981. Dicie
862. Alicia	902. India	942. Aimee	982. Dorcas
863. Almira	903. Isa	943. Atha	983. Dortha
864. Aurore	904. Kizzie	944. Beula	984. Dulcie
865. Berneice	905. Leonia	945. Concepcion	985. Ellar
866. Carmel	906. Lera	946. Dale	986. Elvina
867. Delores	907. Lovina	947. Dessa	987. Ena
868. Dorris	908. Lupe	948. Electa	988. Erie
869. Eloisa	909. Magdalen	949. Florance	989. Evaline
870. Enola	910. Maymie	950. Freeda	990. Eveline
871. Eulalia	911. Mozelle	951. Henretta	991. Fae
872. Fleta	912. Norah	952. Icy	992. Isadora

873. Frank	913. Ova	953. Jonnie	993. Ivory
874. Gay	914. Ozella	954. Juliet	994. Jaunita
875. Goldia	915. Palma	955. Lacy	995. Jerry
876. Josefa	916. Rosamond	956. Lannie	996. Jossie
877. Leanna	917. Winona	957. Lockie	997. Lexie
878. Marry	918. Aleen	958. Marianna	998. Luvinia
879. Mavis	919. Almeta	959. Nena	999. Macy
880. Ottie	920. Annabell	960. Paralee	1000. Malvina

2000

1. Emily	43. Mackenzie	85. Laura	127. Adriana
2. Hannah	44. Allison	86. Claire	128. Arianna
3. Madison	45. Isabella	87. Alexa	129. Lillian
4. Ashley	46. Amber	88. Kelsey	130. Kiara
5. Sarah	47. Mary	89. Kathryn	131. Riley
6. Alexis	48. Danielle	90. Leslie	132. Crystal
7. Samantha	49. Gabrielle	91. Alexandria	133. Mckenzie
8. Jessica	50. Jordan	92. Sabrina	134. Meghan
9. Taylor	51. Brooke	93. Isabel	135. Skylar
10. Elizabeth	52. Michelle	94. Mia	136. Ana
11. Lauren	53. Sierra	95. Molly	137. Britney
12. Alyssa	54. Katelyn	96. Leah	138. Angelica
13. Kayla	55. Andrea	97. Katie	139. Kennedy
14. Abigail	56. Madeline	98. Gabriella	140. Chelsea
15. Brianna	57. Sara	99. Cheyenne	141. Daisy
16. Olivia	58. Kimberly	100. Cassandra	142. Kristen
17. Emma	59. Courtney	101. Tiffany	143. Veronica
18. Megan	60. Erin	102. Erica	144. Isabelle
19. Grace	61. Brittany	103. Lindsey	145. Summer
20. Victoria	62. Vanessa	104. Kylie	146. Hope
21. Rachel	63. Jacqueline	105. Cassidy	147. Brittney
22. Anna	64. Jenna	106. Diana	148. Hayley
23. Sydney	65. Caroline	107. Amy	149. Lydia
24. Destiny	66. Faith	108. Mikayla	150. Evelyn
25. Morgan	67. Makayla	109. Ariana	151. Bethany
26. Jennifer	68. Bailey	110. Margaret	152. Shannon
27. Jasmine	69. Paige	111. Kelly	153. Michaela
28. Haley	70. Shelby	112. Miranda	154. Karen
29. Julia	71. Melissa	113. Maya	155. Jamie
30. Kaitlyn	72. Kaylee	114. Melanie	156. Daniela
31. Nicole	73. Christina	115. Audrey	157. Angelina
32. Amanda	74. Trinity	116. Jade	158. Kaitlin
33. Katherine	75. Caitlin	117. Gabriela	159. Karina
34. Natalie	76. Mariah	118. Caitlyn	160. Sophie
35. Hailey	77. Autumn	119. Angel	161. Sofia
36. Alexandra	78. Marissa	120. Jillian	162. Diamond
37. Savannah	79. Angela	121. Alicia	163. Payton

38. Chloe	80. Breanna	122. Jocelyn	164. Cynthia
39. Rebecca	81. Catherine	123. Erika	165. Alexia
40. Stephanie	82. Zoe	124. Lily	166. Valerie
41. Maria	83. Briana	125. Madelyn	167. Monica
42. Sophia	84. Jada	126. Heather	168. Peyton
169. Carly	212. Giselle	255. Kirsten	298. Anne
170. Bianca	213. Mallory	256. Nadia	299. Rose
171. Hanna	214. April	257. Sandra	300. Liliana
172. Brenda	215. Adrianna	258. Dominique	301. Kristin
173. Rebekah	216. Raven	259. Haylee	302. Kailey
174. Alejandra	217. Christine	260. Ruby	303. Marisa
175. Mya	218. Kristina	261. Jayla	304. Deanna
176. Avery	219. Natalia	262. Cindy	305. Imani
177. Brooklyn	220. Asia	263. Tori	306. Annie
178. Ashlyn	221. Nina	264. Sidney	307. Nia
179. Lindsay	222. Valeria	265. Ella	308. Carolyn
180. Ava	223. Aubrey	266. Tessa	309. Anastasia
181. Desiree	224. Lauryn	267. Carolina	310. Brenna
182. Alondra	225. Kate	268. Jaqueline	311. Dana
183. Camryn	226. Jazmin	269. Camille	312. Kassidy
184. Ariel	227. Rachael	270. Whitney	313. Shayla
185. Naomi	228. Patricia	271. Carmen	314. Ashlee
186. Jordyn	229. Katelynn	272. Vivian	315. Alaina
187. Kendra	230. Cierra	273. Bridget	316. Rosa
188. Mckenna	231. Alison	274. Celeste	317. Wendy
189. Holly	232. Macy	275. Priscilla	318. Logan
190. Julie	233. Nancy	276. Kiana	319. Tabitha
191. Kendall	234. Elena	277. Makenna	320. Paola
192. Kara	235. Kyla	278. Madeleine	321. Callie
193. Jasmin	236. Katrina	279. Alissa	322. Addison
194. Selena	237. Jazmine	280. Natasha	323. Lucy
195. Esmeralda	238. Joanna	281. Miriam	324. Gillian
196. Amaya	239. Tara	282. Ciara	325. Clarissa
197. Kylee	240. Gianna	283. Cecilia	326. Destinee
198. Maggie	241. Juliana	284. Kassandra	327. Josie

199. Makenzie	242. Fatima	285. Mercedes	328. Denise
200. Claudia	243. Allyson	286. Reagan	329. Katlyn
201. Cameron	244. Gracie	287. Aliyah	330. Esther
202. Kyra	245. Guadalupe	288. Josephine	331. Bryanna
203. Karla	246. Sadie	289. Charlotte	332. Mariana
204. Kathleen	247. Genesis	290. Rylee	333. Emilee
205. Abby	248. Yesenia	291. Shania	334. Georgia
206. Delaney	249. Julianna	292. Kira	335. Deja
207. Amelia	250. Skyler	293. Meredith	336. Kamryn
208. Casey	251. Alexus	294. Eva	337. Ashleigh
209. Serena	252. Tatiana	295. Dakota	338. Cristina
210. Savanna	253. Elise	296. Lisa	339. Baylee
211. Aaliyah	254. Alana	297. Hallie	340. Heaven
341. Raquel	384. Hailee	427. Kali	470. Janae
342. Monique	385. Jaden	428. Bailee	471. Janelle
343. Teresa	386. Kasey	429. Lesley	472. Madyson
344. Ruth	387. Ashlynn	430. Mckayla	473. Justine
345. Helen	388. Brandi	431. Lilly	474. Paris
346. Krystal	389. Lesly	432. Ayanna	475. Chelsey
347. Cassie	390. Elisabeth	433. Serenity	476. Sasha
348. Kayleigh	391. Viviana	434. Karissa	477. Paulina
349. Tiana	392. Allie	435. Jane	478. Mayra
350. Marina	393. Cara	436. Maddison	479. Zaria
351. Heidi	394. Marisol	437. Precious	480. Skye
352. Ivy	395. India	438. Jayda	481. Brisa
353. Ashton	396. Litzy	439. Kelsie	482. Cora
354. Clara	397. Tatyana	440. Phoebe	483. Emilie
355. Meagan	398. Melody	441. Lexi	484. Felicia
356. Gina	399. Brandy	442. Halle	485. Larissa
357. Linda	400. Jessie	443. Kiersten	486. Tianna
358. Gloria	401. Alisha	444. Kiera	487. Macie
359. Jacquelyn	402. Hunter	445. Felicity	488. Aurora
360. Ellie	403. Noelle	446. Annika	489. Sage
361. Jenny	404. Carla	447. Taryn	490. Lucia
362. Renee	405. Francesca	448. Tyra	491. Alma
363. Lizbeth	406. Tia	449. Kaylin	492. Chasity
364. Danielle	407. Layla	450. Kiley	493. Ann

365. Anahi	408. Krista	451. Ellen	494. Nichole
366. Virginia	409. Zoey	452. Jaclyn	495. Jayden
367. Gisselle	410. Carley	453. Madisyn	496. Alanna
368. Kaitlynn	411. Carissa	454. Rhiannon	497. Deborah
369. Julissa	412. Iris	455. Colleen	498. Malia
370. Cheyanne	413. Janet	456. Pamela	499. Angie
371. Lacey	414. Kaleigh	457. Tania	500. Carlie
372. Haleigh	415. Tyler	458. Joy	501. Nora
373. Marie	416. Theresa	459. Charity	502. Kailee
374. Eleanor	417. Tamara	460. Fiona	503. Carrie
375. Martha	418. Yasmine	461. Alyson	504. Elaina
376. Kierra	419. Tatum	462. Kaila	505. Sylvia
377. Tiara	420. Sharon	463. Annabelle	506. Sonia
378. Talia	421. Alice	464. Emely	507. Genevieve
379. Mikaela	422. Susan	465. Alina	508. Kenya
380. Eliza	423. Yasmin	466. Angelique	509. Piper
381. Kaylie	424. Tamia	467. Regan	510. Marilyn
382. Harley	425. Abbey	468. Irene	511. Amari
383. Madalyn	426. Alayna	469. Johanna	512. Macey
513. Marlene	556. Aimee	599. Robin	642. Micah
514. Tayler	557. Lena	600. Dulce	643. Laila
515. Julianne	558. Leticia	601. Candace	644. Blanca
516. Brooklynn	559. Sydni	602. Noemi	645. Kayley
517. Lorena	560. Sarai	603. Aleah	646. Katarina
518. Perla	561. Halie	604. Ally	647. Kellie
519. Elisa	562. Alivia	605. Nayeli	648. Maribel
520. Kaley	563. Destiney	606. Mara	649. Sandy
521. Barbara	564. Edith	607. Jewel	650. Joselyn
522. Eden	565. Laurel	608. Keely	651. Kaelyn
523. Leilani	566. Carina	609. Alisa	652. Madisen
524. Miracle	567. Fernanda	610. Karlee	653. Kathy
525. Devin	568. Amya	611. Micaela	654. Margarita
526. Aileen	569. Destini	612. Desirae	655. Carson
527. Chyna	570. Aspen	613. Antonia	656. Stella
528. Athena	571. Nathalie	614. Brynn	657. Juliette

529. Esperanza	572. Paula	615. Leanna	658. Devon
530. Adrienne	573. Tanya	616. Jaelyn	659. Camila
531. Regina	574. Tina	617. Judith	660. Donna
532. Shyanne	575. Frances	618. Katelin	661. Bria
533. Luz	576. Christian	619. Sienna	662. Helena
534. Tierra	577. Elaine	620. Celia	663. Lea
535. Cristal	578. Aniya	621. Raegan	664. Jazlyn
536. Eliana	579. Ryan	622. Yvette	665. Jazmyn
537. Clare	580. Essence	623. Juliet	666. Skyla
538. Eve	581. Mollie	624. Emilia	667. Christy
539. Kelli	582. Shayna	625. Anika	668. Katharine
540. Sydnee	583. Simone	626. Calista	669. Joyce
541. Madelynn	584. Kyleigh	627. Eileen	670. Karlie
542. Breana	585. Nikki	628. Kianna	671. Lexus
543. Melina	586. Anya	629. Carlee	672. Alessandra
544. Arielle	587. Reyna	630. Thalia	673. Delilah
545. Toni	588. Kaylyn	631. Rylie	674. Moriah
546. Corinne	589. Nicolette	632. Daphne	675. Salma
547. Justice	590. Savanah	633. Kacie	676. Celine
548. Maia	591. Abbie	634. Rosemary	677. Lizeth
549. Tess	592. Kailyn	635. Karli	678. Beatriz
550. Ciera	593. Montana	636. Ericka	679. Brianne
551. Abbigail	594. Itzel	637. Lyndsey	680. Kourtney
552. Ebony	595. Leila	638. Hana	681. Sydnie
553. Maritza	596. Cayla	639. Haylie	682. Stacey
554. Lexie	597. Stacy	640. Jadyn	683. Mariam
555. Isis	598. Araceli	641. Madilyn	684. Robyn
685. Hayden	728. Zoie	771. Hailie	814. Graciela
686. Janessa	729. Jackeline	772. Haven	815. Princess
687. Kenzie	730. Savana	773. Kallie	816. Cali
688. Jalyn	731. Alia	774. Maegan	817. Elyse
689. Meaghan	732. Gwendolyn	775. Maeve	818. Berenice
690. Sheila	733. Alexandrea	776. Rocio	819. Chanel

691. Aisha	734. Damaris	777. Yolanda	820. Iliana
692. Jaida	735. Marian	778. Cecelia	821. Jolie
693. Estrella	736. Anita	779. Chaya	822. Caitlynn
694. Shawna	737. Jamie	780. Gabriel	823. Annalise
695. Marley	738. Jaiden	781. Mattie	824. Cortney
696. Ayana	739. Kristine	782. Noelia	825. Darlene
697. Karly	740. Carli	783. Christa	826. Sarina
698. Melinda	741. Violet	784. Kari	827. Dasia
699. Devyn	742. Gretchen	785. Kaylah	828. London
700. Nataly	743. Janice	786. Nya	829. Yvonne
701. Rosalinda	744. Annette	787. Jeanette	830. Karley
702. Brielle	745. Mariela	788. Kennedi	831. Myah
703. Laney	746. Amani	789. Nyah	832. Shaylee
704. Loren	747. Dorothy	790. Presley	833. Amira
705. Sally	748. Bella	791. Yadira	834. Kristy
706. Lilian	749. Kaylynn	792. Reilly	835. Ryleigh
707. Lizette	750. Maura	793. Shaina	836. Dariana
708. Rebeca	751. Lila	794. Elissa	837. Juanita
709. Tracy	752. Armani	795. Marianna	838. Teagan
710. Jenifer	753. Anissa	796. Alize	839. Kiarra
711. Chandler	754. Kelsi	797. Arlene	840. Ryann
712. America	755. Aubree	798. Izabella	841. Yamilet
713. Diane	756. Greta	799. Lyric	842. Alexys
714. Valentina	757. Kaya	800. Aiyana	843. Kacey
715. Abigayle	758. Kayli	801. Amara	844. Shakira
716. Candice	759. Lillie	802. Christiana	845. Sheridan
717. Susana	760. Willow	803. Allyssa	846. Dianna
718. Aliya	761. Ansley	804. Drew	847. Baby
719. Casandra	762. Lia	805. Rachelle	848. Lara
720. Harmony	763. Catalina	806. Adeline	849. Isabela
721. Jacey	764. Maci	807. Jacklyn	850. Reina
722. Alena	765. Shyann	808. Liana	851. Shirley
723. Shea	766. Alysa	809. Citlalli	852. Jaycee
724. Aniyah	767. Celina	810. Giovanna	853. Silvia
725. Aylin	768. Kasandra	811. Jesse	854. Tatianna
726. Carol	769. Quinn	812. Selina	855. Eryn
727. Stephany	770. Jaquelin	813. Brook	856. Ingrid

857. Keara	893. Hazel	929. Emmalee	965. Dayna
858. Kalyn	894. Cielo	930. Jakayla	966. Emerald
859. Lisette	895. Mireya	931. Nyasia	967. Kirstin
860. Monserrat	896. Paloma	932. Anjali	968. Marlee
861. Randi	897. Patience	933. Daisha	969. Neha
862. Reanna	898. Aryanna	934. Lilliana	970. Antoinette
863. Abril	899. Magdalena	935. Myra	971. Beatrice
864. Ivana	900. Anaya	936. Amiya	972. Blair
865. Lori	901. Dallas	937. Belen	973. Kori
866. Maranda	902. Joelle	938. Jana	974. Annamarie
867. Parker	903. Kaia	939. Saige	975. Breonna
868. Darby	904. Norma	940. Aja	976. Luisa
869. Darian	905. Taya	941. Scarlett	977. Yasmeen
870. Jasmyn	906. Arely	942. Annabel	978. Yessenia
871. Jaylin	907. Misty	943. Joanne	979. Breanne
872. Kaela	908. Trisha	944. Aliza	980. Laisha
873. Katia	909. Deasia	945. Ashly	981. Leann
874. Ayla	910. Elsa	946. Cydney	982. Rhianna
875. Bridgette	911. Alysha	947. Destany	983. Amina
876. Kinsey	912. Bryana	948. Gia	984. Jailyn
877. Elyssa	913. Dawn	949. Keira	985. Jayde
878. Hillary	914. Aracely	950. Roxanne	986. Jill
879. Yazmin	915. Brionna	951. Fabiola	987. Katlynn
880. Caleigh	916. Joana	952. Kaci	988. Kaylan
881. Dayana	917. Katerina	953. Abagail	989. Jena
882. Nikita	918. Alex	954. Abigale	990. Iyana
883. Rita	919. Hadley	955. Janiya	991. Keeley
884. Asha	920. Martina	956. Odalys	992. Kenia
885. Chantel	921. Maryam	957. Aria	993. Kenna
886. Reese	922. Bonnie	958. Daija	994. Maiya
887. Stefanie	923. Jazmyne	959. Delia	995. Mandy
888. Nadine	924. Shaniya	960. Kameron	996. Rayna
889. Samara	925. Ali	961. Katy	997. Adrian
890. Unique	926. Alycia	962. Lourdes	998. Marlen
891. Michele	927. Dejah	963. Raina	999. Melisa
892. Sonya	928. Estefania	964. Ashtyn	1000. Sky

Acknowledgements:

Social Security Online. 11 May 2007. Social Security
   Administration. 4 Dec. 2007
      <http://www.ssa.gov/OACT/babynames/index.html>.

Index

Aaliyah 175
Abagail 180
Abbey 176
Abbie 167, 177
Abbigail 177
Abby 175
Abigail 57, 58, 59, 60, 62,
 66, 72, 78, 82, 86, 88,
 90, 92, 94, 96, 100,
 102, 104, 105, 108,
 110, 114, 116, 122,
 132, 134, 136, 138,
 140, 142, 144, 146,
 150, 152, 154, 158,
 160, 173
Abigale 180
Abigayle 178
Abril 179
Ada 165
Adah 169
Adaline 171
Addie 165
Addison 120, 174
Adela 168
Adelaide 167
Adele 167
Adelia 167
Adelina 171
Adeline 166, 178
Adell 168
Adella 169
Adelle 171
Adline 171

Adrian 181
Adriana 173
Adrianna 174
Adrienne 169, 177
Agatha 167
Aggie.......................... 170
Agnes 165
Aileen 168, 176
Aimee 171, 176
Aisha 178
Aiyana 178
Aja 179
Alabama 64
Alaina 174
Alana 175
Alanna 176
Alaska 62
Alayna 176
Alberta 165
Albertha 169
Albertine 168
Albina 168
Alda 168
Aleah 176
Aleen 172
Alejandra 174
Alena 178
Alene 169
Alessandra 177
Aletha 170
Alex 180
Alexa 173
Alexandra 173

Alexandrea 177
Alexandria 173
Alexia 174
Alexis. 55, 56, 57, 58, 62, 64, 65, 66, 68, 69, 77, 78, 79, 81, 82, 83, 86, 87, 88, 90, 91, 92, 93, 94, 95, 96, 98, 99, 103, 106, 107, 110, 111, 112, 113, 114, 115, 118, 119, 121, 126, 127, 128, 129, 132, 133, 134, 135, 138, 139, 142, 143, 145, 146, 147, 148, 149, 150, 152, 153, 158, 159, 160, 161, 162, 173
Alexus 175
Alexys 178
Alfreda 170
Ali 181
Alia 177
Alice 8, 9, 10, 11, 12, 165, 176
Alicia 171, 173
Alida 170
Alina 176
Aline 168
Alisa 176
Alisha 175
Alison 174
Alissa 174
Alivia 176
Aliya 178
Aliyah 175

Aliza 180
Alize 178
Allene 169
Allie 166, 175
Allison 173
Ally 176
Allyson 175
Allyssa 178
Alma 165, 175
Almeda 168
Almeta 172
Almira 171
Alondra 174
Alpha 167
Alta 166
Altha 168
Althea 168
Alva 168
Alvina 166
Alvira 171
Alyce 168
Alycia 181
Alysa 178
Alysha 180
Alyson 176
Alyssa 63, 68, 69, 70, 84, 85, 114, 126, 127, 148, 173
Amalia 170
Amanda... 45, 46, 47, 48, 49, 50, 51, 52, 53, 54, 166, 173
Amani 178
Amara 178
Amari 176

Amaya 174
Amber 171, 173
Amelia 165, 175
America 2, 171, 178
Amie 170
Amina 180
Amira 178
Amiya 179
Ammie 169
Amy ... 41, 42, 43, 44, 45, 46, 47, 48, 166, 173
Amya 176
Ana 171, 173
Anahi 176
Anastasia 169, 174
Anaya 179
Andrea 173
Angel 173
Angela 39, 40, 41, 42, 43, 44, 45, 46, 167, 173
Angelica 173
Angelina 166, 173
Angeline 166
Angelique 176
Angelita 171
Angie 168, 176
Anika 177
Anissa 178
Anita 166, 178
Aniya 177
Aniyah 178
Anjali 179
Ann 165, 175
Anna .. 7, 8, 9, 10, 11, 12, 13, 14, 15, 16, 17, 64, 65, 112, 113, 142, 165, 173
Annabel 169, 179
Annabell 172
Annabelle 167, 176
Annalise 178
Annamarie 179
Anne 165, 174
Annetta 169
Annette 166, 178
Annie 165, 174
Annika 175
Annis 169
Ansley 178
Antoinette 167, 179
Antonette 170
Antonia 167, 176
Anya 177
April 174
Ara 170
Araceli 177
Aracely 180
Ardella 170
Arely 179
Aria 180
Ariana 173
Arianna 173
Arie 170
Ariel 174
Arielle 177
Arizona 68
Arkansas 66
Arlena 171
Arlene 168, 178
Arlie 170

Arline 168
Armani 178
Arrie 169
Arthur........................ 171
Artie 168
Arvilla........................ 169
Aryanna 179
Asha 180
Ashlee 174
Ashleigh 175
Ashley 48, 49, 50, 51, 52,
  53, 54, 55, 56, 57, 58,
  59, 62, 63, 65, 67, 68,
  69, 70, 71, 72, 75, 76,
  80, 81, 83, 84, 85, 88,
  89, 91, 95, 97, 111,
  113, 115, 117, 123,
  124, 125, 126, 127,
  128, 129, 130, 131,
  134, 136, 140, 143,
  145, 147, 148, 149,
  153, 161, 163, 173
Ashly 180
Ashlyn 174
Ashlynn 175
Ashton 175
Ashtyn 181
Asia 174
Aspen......................... 176
Atha 171
Athena 176
Aubree 178
Aubrey 174
Audie 170
Audra 170

Audrey 166, 173
Augusta 166
Augustine 170
Aurelia 167
Aurora 170, 175
Aurore 171
Austin 137
Autumn 173
Ava 59, 60, 62, 74, 76, 78,
  82, 84, 86, 90, 92, 94,
  98, 100, 102, 106, 108,
  110, 118, 120, 122,
  124, 130, 132, 138,
  140, 144, 154, 156,
  158, 167, 174
Avery 174
Avis 168
Ayana 178
Ayanna 175
Ayla............................ 180
Aylin 178
Baby 1, 2, 178
Bailee 175
Bailey 173
Barbara ... 20, 21, 22, 23,
  24, 25, 26, 27, 28, 29,
  30, 32, 33, 34, 35, 36,
  166, 176
Baylee 175
Beatrice 165, 179
Beatriz 177
Beaulah 169
Belen.......................... 179
Bell 167
Bella 167, 178

Belle............................ 166	Blanche 165
Belva 167	Bobbie 168
Bennie 169	Bonnie 166, 180
Berdie 170	Brandi 175
Berenice 169, 177	Brandy 175
Bernadette 168	Breana 177
Bernadine 169	Breanna 174
Berneice 171	Breanne 180
Bernice 165	Brenda 174
Berniece 169	Brenna 174
Berta 167	Breonna 179
Bertha 165	Bria 177
Bertie 166	Briana 174
Beryl 167	Brianna 126, 130, 173
Bess............................. 167	Brianne 177
Besse 170	Bridget 169, 174
Bessie 165	Bridgette 180
Beth 169	Brielle 178
Bethany 173	Brionna 180
Bethel 168	Brisa 175
Betsy 170	Britney 173
Bettie 166	Brittany ... 50, 51, 52, 53,
Betty .. 17, 18, 19, 20, 21, 22, 23, 24, 25, 26, 27, 28, 29, 165	54, 173
	Brittney 173
	Brook 178
Beula 171	Brooke 2, 173
Beulah 165	Brooklyn 174
Bianca 174	Brooklynn 176
Billie 167	Bryana 180
Bina 171	Bryanna 175
Birdie 166	Brynn 176
Birtha 169	Bula 171
Blair 179	Bulah 169
Blanca 176	Caitlin 173
Blanch 166	Caitlyn 173

Caitlynn 178
Caldonia 171
Caleigh 180
Cali 177
California 70
Calista 177
Callie 166, 174
Cameron 175
Camila 177
Camilla 169
Camille 168, 174
Camryn 174
Candace 176
Candice 178
Cara 171, 175
Carina 176
Carissa 176
Carla 175
Carlee 177
Carley 176
Carli 178
Carlie 176
Carly 174
Carmel 171
Carmela 168
Carmelita 171
Carmella 170
Carmen 168, 174
Carol .. 25, 26, 27, 28, 29, 30, 32, 167, 178
Carolina 169, 174
Caroline 165, 173
Carolyn 28, 167, 174
Carrie 165, 176
Carson 176

Casandra 178
Casey 175
Cassandra 173
Cassidy 173
Cassie 168, 175
Catalina 178
Catharine 167
Catherine 165, 174
Cathrine 170
Cathryn 171
Cayla 177
Cecelia 167, 178
Cecil 166
Cecile 166
Cecilia 166, 174
Celesta 171
Celeste 167, 174
Celestine 168
Celia 166, 177
Celina 178
Celine 177
Chandler 178
Chanel 177
Chantel 180
Charity 168, 176
Charles 169
Charlie 170
Charlotte 165, 175
Chasity 175
Chaya 178
Chelsea 173
Chelsey 175
Cheyanne 176
Cheyenne 173
Chloe 167, 174

Chole 84	Connecticut 74
Christa 178	Connie 167
Christena 171	Constance 167
Christian 177	Cora 165, 175
Christiana 178	Cordelia 167
Christie 171	Cordia 169
Christina 166, 173	Cordie 169
Christine 166, 174	Corene 170
Christy 177	Corine 167
Chyna 176	Corinne 166, 177
Ciara 174	Cornelia 166
Cielo 179	Corrie 170
Ciera 177	Corrine 168
Cierra 174	Cortney 178
Cindy 174	Courtney 173
Citlalli 178	Cristal 177
Claire 166, 173	Cristina 175
Clara 165, 175	Crystal 48, 170, 173
Clare 167, 177	Cydney 180
Clarice 166	Cynthia.... 34, 35, 36, 37,
Clarissa 170, 174	38, 39, 168, 174
Classie 171	Daija 180
Claudia 166, 175	Daisha 179
Claudie 167	Daisy 165, 173
Clella 171	Dakota 175
Clementine 169	Dale 171
Clemmie 169	Dallas 179
Cleo 166	Damaris 178
Clifford 171	Dana 170, 174
Clora 170	Daniela 173
Clyde 167	Danielle 173, 175
Colleen 176	Daphne 171, 177
Colorado 72	Darby 179
Concepcion 171	Darian 179
Concetta 170	Dariana 178

Darlene 178
Dasia 178
Dawn 180
Dayana 180
Dayna 179
Deanna 174
Deasia 180
Deborah .. 32, 33, 34, 35, 36, 37, 38, 170, 176
Debra.. 33, 34, 35, 36, 37
Deja 175
Dejah 181
Delaney 175
Delaware 78
Delia 166, 181
Delilah 170, 177
Dell 171
Della 165
Dellar 170
Delma 170
Delores 171
Delpha 170
Delphia 169
Delphine 169
Delta 170
Dena 167
Denise 175
Desirae 176
Desiree 174
Dessa 171
Dessie 166
Destany 180
Destinee 174
Destiney 176
Destini 176

Destiny 76, 77, 112, 126, 173
Devin 176
Devon 177
Devyn 178
Diamond 173
Diana 169, 173
Diane 178
Dianna 178
Dicie 171
Dinah 170
District of Columbia ... 76
Dixie 167
Docia 170
Dollie 166
Dolly 167
Dolores 167
Dominique 174
Dona 168
Donna 30, 34, 35, 36, 37, 38, 39, 168, 177
Donnie 167
Dora 165
Dorcas 171
Doris.. 19, 20, 21, 22, 23, 165
Dorothea 167
Dorothy 9, 10, 11, 12, 13, 14, 15, 16, 17, 18, 19, 20, 21, 22, 23, 24, 25, 26, 165, 178
Dorris 171
Dortha 171
Dorthy 170
Dottie 170

Dovie 166
Drew 178
Dulce 176
Dulcie 171
Earline 171
Easter 168
Ebba 170
Ebony 177
Eda 168
Eddie 167
Eden 176
Edith 166, 176
Edna 165
Edwina 170
Edyth 171
Edythe 166
Effie 165
Eileen 167, 177
Elaina 176
Elaine 168, 177
Elberta 170
Elda 167
Eldora 170
Eleanor 165, 176
Eleanora 169
Eleanore 169
Electa 171
Elena 170, 174
Elenora 168
Elfrieda 170
Eliana 177
Elinor 167
Elisa 170, 176
Elisabeth 167, 175
Elise 167, 175

Elissa 178
Eliza 166, 176
Elizabeth. 7, 8, 9, 10, 11,
  12, 13, 14, 15, 16, 17,
  18, 19, 47, 48, 49, 50,
  51, 52, 53, 54, 55, 56,
  57, 58, 59, 62, 63, 76,
  78, 108, 136, 142, 150,
  158, 159, 162, 165, 173
Elizebeth 170
Ella 108, 165, 174
Ellar 171
Ellen 165, 176
Ellie 167, 175
Elma 167
Elmer 171
Elmira 169
Elna 168
Elnora 167
Eloisa 171
Eloise 167
Elsa 167, 180
Elsie 166
Elta 170
Elva 166
Elvera 168
Elvie 170
Elvina 171
Elvira 167
Elyse 177
Elyssa 180
Emelia 170
Emeline 170
Emely 176
Emerald 179

Emilee 175
Emilia 169, 177
Emilie 168, 175
Emily. 52, 53, 54, 55, 56,
  57, 58, 59, 60, 62, 63,
  64, 65, 66, 67, 68, 69,
  70, 71, 72, 73, 74, 75,
  76, 78, 79, 80, 81, 82,
  83, 84, 86, 87, 88, 89,
  90, 91, 92, 93, 94, 95,
  96, 97, 98, 99, 100,
  101, 102, 103, 104,
  105, 106, 107, 108,
  109, 110, 111, 112,
  113, 114, 115, 116,
  117, 118, 119, 120,
  121, 122, 123, 124,
  125, 126, 128, 129,
  130, 131, 132, 133,
  134, 135, 136, 137,
  138, 139, 140, 141,
  142, 143, 144, 145,
  146, 147, 148, 149,
  150, 151, 152, 153,
  154, 155, 156, 157,
  158, 159, 160, 161,
  162, 163, 165, 173
Emma 58, 59, 60, 62, 64,
  66, 68, 72, 74, 75, 76,
  78, 80, 82, 84, 86, 88,
  90, 92, 94, 96, 98, 100,
  102, 104, 105, 106,
  108, 109, 110, 112,
  114, 116, 118, 120,
  122, 123, 124, 128,
  130, 132, 134, 136,
  137, 138, 140, 142,
  144, 146, 148, 150,
  152, 154, 155, 156,
  158, 160, 162, 165, 173
Emmalee 179
Emmer 170
Emmie 168
Ena 171
Enid 170
Enola 171
Era 167
Erica 173
Ericka 177
Erie 171
Erika 174
Erin 173
Erma 167
Erna 166
Ernestine 167
Eryn 178
Esmeralda 174
Esperanza 177
Essence 177
Essie 165
Esta 168
Estefania 181
Estell 167
Estella 166
Estelle 165
Ester 167
Esther 165, 175
Estrella 178
Etha 168
Ethel 7, 8, 165
Ethelyn 169

Ether 170	Ferne 167
Ethyl 169	Filomena 170
Etta 165	Fiona 176
Ettie 169	Fleta 171
Eugenia 167	Flora 165
Eugenie 170	Florance 171
Eula 165	Florence . 7, 8, 9, 10, 165
Eulah 170	Florida 80, 168
Eulalia 171	Florine 167
Euna 170	Florrie 170
Eunice 165	Flossie 166
Eura 169	Floy 167
Eva 165, 175	Frances 12, 13, 14, 15,
Evaline 171	16, 17, 18, 19, 20, 165,
Evalyn 168	177
Evangeline 168	Francesca 175
Eve 168, 177	Francis 166
Evelina 171	Francisca 169
Eveline 171	Frank 172
Evelyn 14, 165, 173	Frankie 167
Evie 168	Freda 166
Exie 168	Freddie 168
Fabiola 180	Freeda 171
Fae 171	Freida 170
Fairy 170	Frieda 166
Faith 169, 173	Frona 170
Fannie 165	Gabriel 178
Fanny 168	Gabriela 173
Fatima 175	Gabriella 173
Fay 166	Gabrielle 173
Faye 166	Gail 170
Felicia 170, 175	Garnet 169
Felicity 175	Garnett 170
Fern 167	Gay 172
Fernanda 176	Gena 170

Gene 170
Genesis 175
Geneva 166
Genevieve 165, 176
George 168
Georgia 82, 165, 175
Georgiana 168
Georgianna 170
Georgie 168
Geraldine 166
Gertie 166
Gertrude 165
Gia 180
Gianna 174
Gillian 174
Gina 175
Giovanna 178
Giselle 174
Gisselle 176
Gladys 165
Glenn 171
Glenna 168
Gloria 169, 175
Golda 167
Golden 170
Goldia 172
Goldie 165
Grace 62, 86, 90, 94, 108,
  114, 118, 120, 136,
  144, 154, 156, 158,
  165, 173
Gracie 166, 175
Graciela 177
Grayce 169
Greta 168, 178

Gretchen 168, 178
Guadalupe 168, 175
Gussie 166
Gwendolyn 169, 177
Hadley 180
Hailee 175
Hailey .. 84, 88, 114, 162,
  173
Hailie 177
Haleigh 176
Haley 97, 160, 173
Halie 176
Halle 175
Hallie 166, 175
Hana 177
Hanna 170, 174
Hannah ... 54, 55, 56, 57,
  58, 59, 60, 62, 63, 64,
  65, 66, 67, 72, 73, 74,
  78, 80, 82, 83, 86, 87,
  88, 89, 90, 91, 92, 93,
  94, 95, 96, 97, 98, 99,
  100, 101, 102, 103,
  104, 105, 106, 107,
  108, 109, 110, 111,
  112, 113, 114, 115,
  116, 117, 118, 119,
  120, 121, 122, 123,
  128, 132, 133, 134,
  135, 136, 137, 138,
  139, 140, 141, 142,
  143, 144, 145, 146,
  147, 148, 149, 150,
  151, 152, 153, 154,
  155, 156, 157, 158,

159, 160, 161, 162, 163, 166, 173
Harley 176
Harmony 178
Harriet 165
Harriett 166
Harriette 168
Hassie 169
Hattie 165
Haven 177
Hawaii 84
Hayden 177
Haylee 174
Hayley 173
Haylie 177
Hazel 165, 179
Hazle 170
Heather ... 43, 44, 45, 46, 47, 48, 49, 50, 174
Heaven 175
Hedwig 171
Heidi 175
Helen. 7, 8, 9, 10, 11, 12, 13, 14, 15, 16, 17, 18, 19, 20, 21, 22, 23, 24, 165, 175
Helena 167, 177
Helene 167
Helga 171
Hellen 171
Henretta 171
Henrietta 165
Henriette 171
Henry 170
Hermina 171

Hertha 170
Hessie 170
Hester 167
Hettie 166
Hilda 165
Hildegard 170
Hildegarde 169
Hildred 171
Hildur 171
Hillary 180
Hilma 169
Holly 174
Hope 168, 173
Hortense 167
Hulda 167
Huldah 170
Hunter 175
Icie 169
Icy 171
Ida 165
Idaho 88
Idell 169
Idella 167
Ila 166
Iliana 178
Illinois 90
Ima 168
Imani 174
Imogene 167
Ina 166
India 171, 175
Indiana 92
Ines 170
Inez 166
Inga 169

Ingrid 178	Jada 174
Iola 168	Jade 173
Iona 167	Jaden 175
Ione 168	Jadyn 177
Iowa 86	Jaelyn 177
Ira 168	Jaida 178
Irene 165, 176	Jaiden 178
Iris 167, 176	Jailyn 180
Irma 166	Jakayla 179
Isa 171	Jalyn 177
Isabel 166, 173	James 169
Isabela 178	Jamie 171, 173, 178
Isabell 168	Jana 179
Isabella 59, 60, 62, 68, 70, 72, 74, 80, 84, 90, 100, 124, 126, 128, 130, 140, 148, 156, 158, 166, 173	Janae 175
	Jane 165, 175
	Janelle 175
	Janessa 177
	Janet 167, 176
Isabelle 166, 173	Janette 171
Isadora 171	Janice 169, 178
Isis 177	Janie 166
Itzel 177	Janiya 180
Iva 165	Jannie 167
Ivana 179	Jaquelin 178
Ivory 172	Jaqueline 174
Ivy 167, 175	Jasmin 174
Iyana 180	Jasmine .. 77, 84, 85, 173
Izabella 178	Jasmyn 179
Jacey 178	Jaunita 172
Jackeline 177	Jaycee 178
Jacklyn 178	Jayda 175
Jaclyn 176	Jayde 180
Jacob 137	Jayden 176
Jacqueline 171, 173	Jayla 174
Jacquelyn 175	Jaylin 180

Jazlyn 177
Jazmin 174
Jazmine 174
Jazmyn 177
Jazmyne 181
Jean 165
Jeanette 166, 178
Jeanne 167
Jeannette 166
Jena 180
Jenifer 178
Jenna 173
Jennie 165
Jennifer 1, 40, 41, 42, 43,
   44, 45, 46, 47, 48, 49,
   50, 51, 52, 70, 71, 173
Jenny 168, 175
Jerry 172
Jesse 178
Jessica 45, 46, 47, 48, 49,
   50, 51, 52, 53, 54, 55,
   56, 57, 63, 68, 69, 70,
   71, 73, 77, 79, 81, 85,
   89, 90, 91, 101, 115,
   124, 125, 127, 128,
   129, 130, 131, 135,
   137, 139, 141, 149,
   151, 157, 163, 170, 173
Jessie 165, 175
Jettie 168
Jewel 166, 176
Jewell 166
Jill 180
Jillian 173
Jimmie 167

Jo 170
Joan ... 22, 23, 24, 25, 26,
   168
Joana 180
Joanna 169, 174
Joanne 180
Jocelyn 174
Joe 169
Joelle 179
Johanna 166, 176
John 168
Johnie 168
Johnnie 166
Jolie 178
Jonnie 172
Jordan 76, 173
Jordyn 174
Josefa 172
Josefine 170
Joselyn 176
Josephine 165, 175
Joshua 137
Josie 167, 174
Josiephine 171
Jossie 172
Joy 170, 176
Joyce 167, 177
Juana 169
Juanita 167, 178
Judith 26, 27, 28, 29, 30,
   167, 177
Julia 74, 75, 100, 101,
   165, 173
Juliana 174
Julianna 175

Julianne 176
Julie 42, 169, 174
Juliet 172, 177
Juliette 171, 176
Julissa 176
June 166
Justice 177
Justine 168, 175
Kacey 178
Kaci 180
Kacie 177
Kaela 180
Kaelyn 176
Kaia 179
Kaila 176
Kailee 176
Kailey 174
Kailyn 177
Kaitlin 173
Kaitlyn 173
Kaitlynn 176
Kaleigh 176
Kaley 176
Kali 175
Kallie 177
Kalyn 179
Kameron 181
Kamryn 175
Kansas 94
Kara 174
Karen. 32, 33, 34, 35, 36, 37, 38, 39, 40, 41, 173
Kari 178
Karina 173
Karissa 175

Karla 175
Karlee 176
Karley 178
Karli 177
Karlie 177
Karly 178
Kasandra 178
Kasey 175
Kassandra 174
Kassidy 174
Katarina 176
Kate 166, 174
Katelin 177
Katelyn 173
Katelynn 174
Katerina 180
Katharine 167, 177
Katherine 76, 77, 165, 173
Katheryn 169
Kathleen 31, 32, 166, 175
Kathrine 169
Kathryn 165, 173
Kathryne 170
Kathy 176
Katia 180
Katie 165, 173
Katlyn 175
Katlynn 180
Katrina 174
Kattie 168
Katy 171, 181
Kay 169
Kaya 178

Kayla .. 76, 77, 78, 84, 85, 102, 103, 124, 130, 173
Kaylah 178
Kaylan 180
Kaylee 173
Kayleigh 175
Kayley 176
Kayli 178
Kaylie 176
Kaylin 175
Kaylyn 177
Kaylynn 178
Keara 179
Keeley 180
Keely 176
Keira 180
Kelli 177
Kellie 176
Kelly 45, 173
Kelsey 173
Kelsi 178
Kelsie 175
Kendall 174
Kendra 174
Kenia 180
Kenna 180
Kennedi 178
Kennedy 173
Kentucky 96
Kenya 176
Kenzie 177
Kiana 84, 174
Kianna 177
Kiara 173
Kiarra 178
Kiera 175
Kierra 176
Kiersten 175
Kiley 175
Kimberly . 39, 40, 41, 42, 43, 44, 45, 173
Kinsey 180
Kira 175
Kirsten 174
Kirstin 179
Kittie 169
Kitty 168
Kizzie 171
Kori 179
Kourtney 177
Krista 176
Kristen 173
Kristin 174
Kristina 174
Kristine 178
Kristy 178
Krystal 175
Kyla 174
Kylee 174
Kyleigh 177
Kylie 173
Kyra 175
Lacey 176
Lacy 172
Lady 170
Laila 176
Laisha 180
Lala 170
Laney 178
Lannie 172

Lara 178	Leonora 169
Larissa 175	Leonore 171
Laura 41, 165, 173	Leontine 170
Laurel 176	Leora 168
Lauren 51, 52, 173	Leota 167
Lauretta 167	Lera 171
Lauryn 174	Lesley 175
Lavada 171	Leslie 169, 173
Laverne 168	Lesly 175
Lavina 167	Lessie 166
Lavinia 169	Leta 167
Layla 175	Letha 167
Lea 169, 177	Leticia 176
Leah 166, 173	Letitia 169
Leann 180	Lettie 166
Leanna 172, 177	Lexi 175
Leatha 168	Lexie 172, 177
Leda 170	Lexus 177
Lee 167	Lia 178
Leila 167, 177	Liana 178
Leilani 176	Libbie 170
Lela 165	Libby 170
Lelah 169	Lida 167
Lelar 171	Lila 167, 178
Lelia 166	Lilian 169, 178
Lena 165, 176	Liliana 174
Lenna 169	Lilla 168
Lennie 167	Lillian 7, 165, 173
Lenora 166	Lilliana 179
Lenore 167	Lillie 165, 178
Leo 171	Lilly 166, 175
Leola 166	Lily 166, 174
Leona 165	Lilyan 171
Leone 168	Lina 167
Leonia 171	

Linda . 27, 28, 29, 30, 32, 33, 34, 35, 36, 37, 38, 39, 166, 175
Lindsay 174
Lindsey 173
Linnie 166
Lisa 36, 37, 38, 39, 40, 41, 42, 43, 44, 45, 175
Lisette 179
Litzy 175
Liza 169
Lizbeth 175
Lizeth 177
Lizette 178
Lizzie 165
Lockie 172
Logan 174
Lois 165
Lola 166
Loma 170
Lona 167
London 178
Lonie 169
Lonnie 169
Lora 166
Loraine 169
Loren 178
Lorena 166, 176
Lorene 167
Lorette 165
Loretto 171
Lori 38, 179
Lorine 169
Lorna 169
Lorraine 166
Lossie 169
Lottie 165
Lou 167
Louella 167
Louie 170
Louisa 166
Louise 166
Louisiana 98
Lourdes 181
Louvenia 169
Lovie 168
Lovina 171
Lucia 169, 175
Lucie 170
Lucile 165
Lucille 165
Lucinda 166
Lucretia 170
Lucy 165, 174
Ludie 168
Lue 167
Luella 167
Luisa 179
Lula 165
Lulu 166
Luna 169
Lupe 171
Lura 168
Lutie 171
Luvenia 169
Luvinia 172
Luz 177
Lyda 168
Lydia 165, 173
Lyndsey 177

Lyric............................ 178
Mabel 165
Mabelle 167
Mable 165
Macey 176
Maci............................ 178
Macie................. 170, 175
Mackenzie................. 173
Macy.................. 172, 174
Madaline................... 170
Madalyn 176
Maddison.................. 175
Madeleine......... 168, 174
Madeline........... 166, 173
Madelyn 168, 174
Madelynn.................. 177
Madge........................ 167
Madie 169
Madilyn..................... 177
Madisen 176
Madison .. 55, 56, 57, 58,
  59, 60, 62, 64, 65, 66,
  67, 68, 72, 73, 74, 78,
  79, 80, 82, 83, 84, 86,
  87, 88, 89, 90, 92, 93,
  94, 95, 96, 97, 98, 99,
  102, 104, 106, 107,
  108, 109, 110, 111,
  112, 113, 114, 115,
  116, 117, 118, 119,
  120, 121, 122, 123,
  126, 128, 129, 130,
  132, 133, 134, 135,
  136, 137, 138, 139,
  140, 141, 142, 144,
  145, 146, 147, 148,
  150, 151, 152, 154,
  155, 156, 157, 160,
  161, 162, 163, 173
Madisyn 176
Madyson 175
Mae............................ 165
Maegan 177
Maeve........................ 177
Magdalen.................. 171
Magdalena 168, 179
Magdalene 169
Maggie.............. 166, 174
Magnolia................... 169
Mahala 171
Maia........................... 177
Maine 104
Maiya........................ 180
Makayla.................... 173
Makenna................... 174
Makenzie 175
Malia 176
Malinda..................... 167
Malissa 169
Mallie 168
Mallory..................... 174
Malvina 172
Mamie 165
Mammie.................... 169
Manda 170
Mandy 167, 181
Manuela 169
Mara 176
Maranda 179
Marcella 166

Marcia 168
Margaret . 7, 8, 9, 10, 11, 12, 13, 14, 15, 16, 17, 18, 19, 20, 21, 22, 23, 24, 25, 26, 165, 173
Margarett 170
Margaretta 171
Margarette 169
Margarita 168, 176
Margery 169
Margie 166
Margret 168
Marguerite 165
Maria 166, 174
Mariah 127, 169, 173
Mariam 177
Marian 165, 178
Mariana 175
Marianna 172, 178
Maribel 176
Marie . 7, 8, 9, 10, 11, 12, 13, 14, 165, 176
Mariela 178
Marietta 168
Marilyn 176
Marina 175
Marion 165
Marisa 174
Marisol 175
Marissa 173
Maritza 177
Marjorie 166
Marjory 169
Marlee 179
Marlen 181

Marlene 176
Marley 178
Marry 172
Martha 165, 176
Martina 170, 180
Marvel 169
Mary .. 7, 8, 9, 10, 11, 12, 13, 14, 15, 16, 17, 18, 19, 20, 21, 22, 23, 24, 25, 26, 27, 28, 29, 30, 32, 33, 34, 35, 36, 37, 38, 39, 40, 41, 42, 165, 173
Maryam 180
Maryann 171
Maryland 102
Massachusetts 100
Mathilda 166
Mathilde 169
Matilda 166
Mattie 165, 178
Maud 166
Maude 165
Maudie 166
Maura 178
Maurine 168
Mavis 172
Maxie 168
Maxine 168
May 165, 182
Maya 173
Maybell 168
Maybelle 168
Maye 168
Mayme 166

Maymie 171
Mayra 175
Mazie 167
Mckayla.................... 175
Mckenna 174
Mckenzie................. 173
Meagan 175
Meaghan 177
Meda........................ 169
Megan 49, 53, 54, 63, 87, 89, 109, 121, 158, 159, 162, 173
Meghan 173
Melanie 173
Melba 168
Melina 177
Melinda............ 170, 178
Melisa....................... 181
Melissa 40, 41, 42, 43, 44, 45, 46, 47, 48, 49, 169, 173
Mellie 168
Melody 175
Melva....................... 170
Melvina 168
Mercedes.......... 168, 175
Meredith 175
Merle 166
Mertie...................... 169
Meta 167
Mettie...................... 171
Mia. 68, 70, 84, 126, 128, 148, 173
Micaela.................... 176
Micah 176

Michael 137
Michaela 173
Michele 181
Michelle .. 40, 41, 42, 43, 44, 45, 46, 47, 173
Michigan 106
Mikaela 176
Mikayla 173
Mildred . 8, 9, 10, 11, 12, 13, 14, 15, 16, 17, 18, 19, 20, 165
Millicent................... 170
Millie 166
Mina 168
Minerva................... 167
Minna...................... 168
Minnesota................ 108
Minnie..................... 165
Miracle 176
Miranda 173
Mireya 179
Miriam 166, 174
Mississippi 112
Missouri 110, 169
Misty....................... 180
Mittie...................... 167
Mollie 165, 177
Molly 167, 173
Mona 168
Monica 168, 174
Monique.................. 175
Monnie.................... 170
Monserrat................ 179
Montana 114, 177
Morgan............ 144, 173

Moriah 177
Mossie 170
Mozelle.................... 171
Muriel....................... 166
Mya........................... 174
Myah 178
Myra 166, 179
Myrl 170
Myrle 170
Myrna...................... 169
Myrtice.................... 170
Myrtie...................... 168
Myrtis...................... 168
Myrtle...................... 165
Nadia 174
Nadine............. 169, 181
Nan 167
Nancy 24, 25, 26, 27, 28, 29, 30, 32, 33, 34, 165, 174
Nannie...................... 165
Naomi.............. 166, 174
Natalia..................... 174
Natalie........ 70, 167, 173
Nataly...................... 178
Natasha................... 174
Nathalie 176
Nayeli 176
Nebraska 120
Neha 179
Nelda 170
Nell 166
Nelle 168
Nellie 165
Nena 172

Neoma...................... 171
Neta 169
Nettie....................... 165
Neva......................... 166
Nevada 128, 170
New Hampshire 122
New Jersey............... 124
New Mexico.............. 126
New York.................. 130
Nia 174
Nichole..................... 176
Nicole 43, 44, 46, 47, 48, 49, 50, 51, 124, 125, 141, 173
Nicolette.................. 177
Nikita........................ 180
Nikki......................... 177
Nina 166, 174
Nita........................... 169
Noelia....................... 178
Noelle 175
Noemi...................... 176
Nola 166
Nona 166
Nonie........................ 170
Nora................. 165, 176
Norah 171
Norine 170
Norma 166, 179
North Carolina 116
North Dakota............. 118
Nova 169
Novella..................... 168
Nya 178
Nyah 178

Nyasia	179	Ossie	168
Ocie	167	Otelia	171
Octavia	167	Ottie	172
Oda	170	Ouida	170
Odalys	180	Ova	172
Odelia	171	Ozella	172
Odell	169	Paige	173
Odessa	168	Palma	172
Odie	170	Paloma	179
Ohio	132	Pamela	33, 176
Oklahoma	134	Pansy	168
Ola	166	Paola	174
Olevia	171	Paralee	172
Olga	166	Paris	175
Olive	165	Parker	179

Olivia . 57, 58, 59, 60, 66, 74, 76, 78, 86, 88, 90, 92, 94, 98, 100, 101, 104, 106, 108, 110, 114, 118, 120, 122, 124, 130, 132, 136, 138, 140, 142, 144, 150, 152, 154, 155, 156, 158, 160, 162, 166, 173

Patience 179

Patricia 21, 22, 23, 24, 25, 26, 27, 28, 29, 30, 32, 33, 34, 35, 36, 37, 38, 39, 40, 167, 174

Ollie	166	Patsy	168
Oma	166	Pattie	167
Ona	167	Paula	168, 177
Onie	169	Paulina	175
Opal	165	Pauline	165
Ophelia	166	Payton	173
Ora	165	Pearl	165
Oregon	136	Pearle	168
Orpha	167	Pearlie	167
Osie	168	Peggy	167
		Pennsylvania	138
		Perla	176
		Petra	169
		Peyton	174
		Phebe	170

Philomena 169	Reese 180
Phoebe 168, 175	Regan 176
Phyllis..................... 166	Regina 166, 177
Pinkie 168	Reilly 178
Piper 176	Reina 178
Pollie....................... 170	Rena 166
Polly....................... 167	Renee..................... 175
Portia...................... 170	Ressie 170
Precious 175	Reta 169
Presley.................... 178	Retha 170
Princess................... 177	Retta 169
Priscilla 167, 174	Reva....................... 168
Prudence................. 170	Reyna 177
Queen..................... 167	Rhea 167
Queenie.................. 168	Rhianna 180
Quinn 178	Rhiannon 176
Rachael 168, 174	Rhoda 166
Rachel .. 55, 85, 166, 173	Rhode Island 140
Rachelle 178	Riley 173
Rae......................... 168	Rilla 168
Raegan 177	Rita 166, 180
Raina 181	Robbie.................... 168
Ramona 169	Robert 169
Randi...................... 179	Roberta 166
Raquel 175	Robin..................... 176
Raven 174	Robyn 177
Ray......................... 169	Rocio 177
Rayna 181	Roma 169
Reagan 175	Rosa................. 165, 174
Reanna 179	Rosalee................... 169
Reatha 171	Rosalia 170
Reba....................... 166	Rosalie................... 166
Rebeca.................... 178	Rosalind................. 171
Rebecca 43, 44, 165, 174	Rosalinda............... 178
Rebekah 174	Rosamond 172

Rosanna 171
Rose 165, 174
Rosella 167
Rosemary 168, 177
Rosetta 166
Rosia 169
Rosie 165
Rosina 170
Rossie 170
Rowena 169
Roxanne 180
Roxie 166
Rubie 169
Ruby 165, 174
Rubye 170
Ruth... 7, 8, 9, 10, 11, 12, 13, 14, 15, 16, 17, 18, 19, 20, 21, 22, 165, 175
Ruthie 170
Ryan 177
Ryann 178
Rylee 175
Ryleigh 178
Rylie 177
Sabina 171
Sabrina 173
Sadie 165, 175
Sadye 168
Sage 175
Saige 179
Sallie 165
Sally 166, 178
Salma 177
Salome 170

Samantha 51, 52, 53, 54, 55, 56, 57, 58, 59, 60, 62, 68, 69, 70, 71, 73, 74, 75, 79, 80, 81, 89, 90, 91, 93, 101, 103, 104, 105, 107, 109, 111, 115, 119, 121, 123, 124, 125, 126, 127, 128, 129, 130, 131, 133, 139, 140, 141, 145, 149, 150, 151, 155, 157, 158, 159, 161, 163, 170, 173
Samara 181
Sammie 170
Sandra 27, 28, 29, 30, 32, 33, 37, 38, 174
Sandy 176
Sara 166, 173
Sarah . 46, 47, 48, 49, 50, 51, 52, 53, 54, 55, 56, 57, 58, 62, 63, 64, 65, 66, 67, 73, 74, 75, 76, 77, 78, 79, 80, 81, 82, 83, 84, 91, 96, 97, 99, 100, 101, 102, 103, 105, 107, 109, 114, 116, 117, 122, 123, 124, 125, 130, 131, 133, 134, 137, 138, 139, 140, 141, 143, 146, 147, 149, 151, 152, 153, 155, 156, 157, 161, 163, 166, 173
Sarai 176
Sarina 178

Sasha 175	Signe 170
Savana 177	Silvia 178
Savanah 177	Simone 177
Savanna 175	Sky 181
Savannah 167, 173	Skye 175
Scarlett 179	Skyla 177
Selena 171, 174	Skylar 173
Selina 170, 178	Skyler 175
Selma 166	Sofia 171, 173
Sena 170	Sonia 176
Serena 168, 175	Sonya 181
Serenity 175	Sophia ... 60, 76, 80, 100,
Shaina 178	108, 124, 130, 166, 174
Shakira 178	Sophie 166, 173
Shania 175	Sophronia 169
Shaniya 181	South Carolina 142
Shannon 173	South Dakota 144
Sharon 28, 29, 30, 31, 176	Stacey 177
	Stacy 177
Shawna 178	Stefanie 181
Shayla 174	Stella 165, 176
Shaylee 178	Stephanie 43, 44, 47, 48,
Shayna 177	49, 50, 51, 52, 53, 170, 174
Shea 178	
Sheila 177	Stephany 178
Shelby 173	Sudie 167
Sheridan 178	Sue 166
Shirley 20, 21, 22, 23, 24, 25, 26, 27, 167, 178	Sula 170
	Summer 173
Shyann 178	Susan . 29, 30, 32, 33, 34, 35, 36, 37, 38, 39, 40, 41, 165, 176
Shyanne 177	
Sibyl 169	
Sidney 170, 174	Susana 178
Sienna 177	Susanna 169
Sierra 173	Susie 165

Sybil	167	Tempie	170
Sydnee	177	Tena	168
Sydney	173	Tennessee	146
Sydni	176	Tennie	167
Sydnie	177	Teresa	166, 175
Sylvia	165, 176	Tess	177
Tabitha	174	Tessa	174
Talia	176	Tessie	167
Tamara	176	Texas	148
Tamia	176	Thalia	177
Tammy	39, 40, 41, 42	Theda	171
Tania	176	Thelma	166
Tanya	177	Theo	169
Tara	174	Theodora	169
Taryn	175	Theresa	165, 176
Tatiana	175	Therese	170
Tatianna	178	Thomas	171
Tatum	176	Thora	170
Tatyana	175	Tia	175
Taya	179	Tiana	175
Tayler	176	Tianna	175
Taylor	53, 54, 55, 56, 57, 65, 67, 72, 75, 76, 77, 79, 81, 82, 83, 84, 85, 87, 89, 93, 94, 95, 96, 97, 98, 99, 102, 103, 105, 107, 110, 111, 113, 114, 115, 116, 117, 118, 119, 120, 121, 129, 132, 133, 134, 135, 139, 142, 143, 144, 145, 147, 153, 155, 157, 159, 161, 162, 163, 173	Tiara	176
		Tierra	177
		Tiffany	173
		Tilda	170
		Tillie	166
		Tina	167, 177
		Tomasa	171
		Tommie	168
		Toni	177
		Tori	174
		Tracy	42, 178
		Tressa	170
		Tressie	167
Teagan	178	Treva	170

Trinity 173	Versie 169
Trisha 180	Vertie 171
Trudie 170	Vesta 167
Twila 171	Veva 168
Tyler 137, 176	Victoria 140, 141, 165, 173
Tyra 175	
Una 168	Vida 167
Unique 181	Vina 168
Ursula 169	Vinnie 169
Utah 150	Viola 165
Vada 167	Violet 165, 178
Valentina 178	Violette 171
Valeria 169, 174	Vira 171
Valerie 170, 174	Virgie 166
Vallie 168	Virgil 171
Vanessa 173	Virginia ... 15, 16, 17, 18, 19, 20, 21, 152, 160, 166, 176
Vassie 171	
Veda 167	
Vella 169	Viva 169
Velma 165	Vivian 166, 174
Velva 170	Viviana 175
Vena 169	Wanda 167
Vera 166	Washington 156
Verda 168	Wendy 174
Verdie 168	Whitney 174
Vergie 168	Wilda 168
Verla 169	Wilhelmina 166
Verlie 170	Willa 167
Vermont 154	William 168
Verna 165	Willie 165
Vernice 171	Willow 178
Vernie 168	Wilma 167
Vernon 171	Winifred 166
Verona 169	Winnie 167
Veronica 166, 173	Winnifred 168

Winona	172	Zaria	175
Wisconsin	158	Zelda	168
Wyoming	162	Zella	166
Yadira	178	Zelma	166
Yamilet	178	Zena	170
Yasmeen	179	Zetta	171
Yasmin	176	Zettie	171
Yasmine	176	Zita	171
Yazmin	180	Zoe	170, 174
Yesenia	175	Zoey	176
Yessenia	179	Zoie	177
Yetta	169	Zola	168
Yolanda	178	Zona	169
Yvette	177	Zora	167
Yvonne	168, 178	Zula	168
Zada	170		
Zadie	171		

www.ingramcontent.com/pod-product-compliance
Ingram Content Group UK Ltd.
Pitfield, Milton Keynes, MK11 3LW, UK
UKHW041417180426
11947UKWH00007B/174